A Wnaiff y Gwragedd . . . ?

Profiad un fenyw yn y weinidogaeth

Beti-Wyn James

Gomer

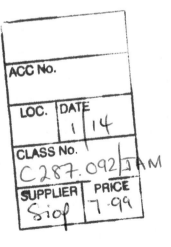

Cyhoeddwyd yn 2013 gan
Wasg Gomer, Llandysul, Ceredigion SA44 4JL
www.gomer.co.uk

ISBN 978 1 84851 668 7

Dymuna'r cyhoeddwyr gydnabod cymorth
Cyngor Llyfrau Cymru.

Diolch i Undeb yr Annibynwyr Cymraeg
am ganiatâd i gynnwys rhai dyfyniadau allan o ddeunydd o'i eiddo.

Argraffwyd a rhwymwyd yng Nghymru gan
Wasg Gomer, Llandysul, Ceredigion.

I
Philip, Elin Wyn a Sara Llwyd

Cyflwyniad

*F*e ddylai pawb ddarllen y gyfrol hon, boed yn aelod mewn eglwys neu beidio. Nid dadl academaidd dros ordeinio menywod i'r weinidogaeth ordeiniedig o fewn yr enwadau sydd yma; er, wedi darllen y gyfrol, ni ellir ond dod i'r casgliad mai ffolineb pur yw'r syniad na ddylid ordeinio gwragedd.

Mae Beti-Wyn yn llwyddo i gyflwyno gwaith y weinidogaeth ordeiniedig mewn modd hynod o fywiog a diddorol. Ceir cyfuniad effeithiol iawn o'r dwys a'r digrif wrth iddi amlinellu cyfres o brofiadau a gafodd tra bu'n cyflawni ei chyfrifoldebau. Profiadau tebyg i rai y mae pawb sydd yn y weinidogaeth, boed wryw neu fenyw, yn eu profi yn gyson. A dyna un o'r negeseuon sy'n neidio allan at y darllenydd o'r gyfrol – nid oes fawr o wahaniaeth rhwng profiadau'r ddau ryw; felly, pam ar wyneb y ddaear mae hanner y boblogaeth y tu hwnt i ystyriaeth rhai eglwysi ac enwadau i'w hordeinio?

Calondid yw darllen am y croeso a'r caredigrwydd a brofodd Beti-Wyn yn yr eglwysi y bu'n weinidog arnynt. Mae ei chariad at ei phobl yn pefrio drwy'r penodau, ac mae'n ddigon amlwg fod y cariad hwnnw'n cael ei adleisio ymhlith aelodau'r gofalaethau hynny.

Mae'n amlwg o nifer o'r storïau fod gan ferch gyfraniad gwerthfawr i waith y weinidogaeth ordeiniedig, ac amlygir hynny'n glir iawn yn yr adran sy'n sôn am ei chyfraniad fel mam a gweinidog. Gwn o brofiad fod gan wragedd sythwelediad arbennig i gyflwr pethau oherwydd eu bod yn edrych arnynt o safbwynt y fam. Cofiwn fod yr Ysgrythurau yn pwysleisio bod Duw yn edrych ar bethau o safbwynt mam yn ogystal â thad, ac mae gwir angen y gwahanol ffyrdd o ystyried pethau arnom ninnau ymhlith arweinwyr yr eglwysi, o bob enwad.

Oes, mae llu o bethau'n gyffredin rhwng y rhywiau o ran eu profiadau, ond mae yna amrywiaeth godidog hefyd; amrywiaeth sydd yn cyfoethogi'r eglwysi ac yn rhoi lliw arbennig i'n tystiolaeth. Dengys cyfrol ddifyr Beti-Wyn fod anwesu a mawrhau'r amrywiaeth hwnnw yn gwneud ein heglwysi'n fannau llawer mwy bywiog a diddorol. Fe'n crëwyd mewn amrywiaeth odidog, a diolch am hynny.

Diolch o galon i Beti-Wyn am rannu ei phrofiadau â ni. Darllenwch a mwynhewch.

Guto Prys ap Gwynfor
Mawrth 2013

Wnaiff y gwragedd aros ar ôl?

Oedfa:
corlannau ohonom
yn wynebu rhes o flaenoriaid
moel, meddylgar;
meddai gŵr o'i bulpud,
'Diolch i'r gwragedd fu'n gweini –'
ie, gweini ger y bedd
wylo, wrth y groes –

'ac a wnaiff y gwragedd aros ar ôl?'

Ar ôl,
ar ôl y buom,
yn dal i aros,
a gweini,
a gwenu a bod yn fud,
boed hi'n ddwy fil o flynyddoedd
neu boed hi'n ddoe.

Ond pan 'wedir unwaith eto
o'r sedd sy'n rhy fawr i ferched,
wnaiff y merched aros ar ôl,
beth am ddweud gyda'n gilydd,
ei lafarganu'n salm newydd
neu ei adrodd fel y pwnc:

'Gwrandewch chi, feistri bach,
tase Crist yn dod 'nôl heddi

byse fe'n bendant yn gwneud ei de ei hun.'

Menna Elfyn

Rhagair

A wnaiff y gwragedd . . .

A wnaiff y wraig hon . . . sgrifennu? Cyfrol? Pregeth, a chroeso, ond cyfrol?!

Gyda chryn betruster yr ymatebais yn gadarnhaol i wahoddiad caredig Gwasg Gomer i fynd ati i baratoi a chyhoeddi'r gyfrol hon. Bûm yn pwyso a mesur a meddylu, a hynny am nifer o resymau. Yn un peth, ystyriaf cael fy ngalw i'r weinidogaeth Gristnogol yn un o freintiau mawr fy mywyd, a gwn yn iawn fod perthynas gweinidog ag aelod yn un arbennig iawn ac yn berthynas ac ymddiriedaeth yn sylfaen iddi.

Bûm yn poeni cryn dipyn a fyddem, wrth osod geiriau ar dudalenau cyhoeddus, mewn peryg o fradychu'r berthynas honno, perthynas a gymerodd flynyddoedd lawer i'w meithrin a'i magu mewn ambell achos. Gan fod ymwneud â phobol yn rhan annatod o waith gweinidog, afraid dweud nad oedd modd osgoi sôn am bobol wrth drafod fy ngweinidogaeth. Diolch i'r unigolion hynny a roddodd ganiatâd i mi gyfeirio at sefyllfaoedd arbennig. Mawr hyderaf fy mod wedi dewis fy ngeiriau yn ofalus gan gadw natur a bwriad y gyfrol hon mewn cof bob amser.

A sôn am fwriad y gyfrol, beth yn union yw ei bwriad? Dyna'r ail reswm y bûm yn petruso cyn cytuno i'w llunio! Yn sicr, nid hunangofiant yw hi, ac er bod 'na gyfeiriadau personol lu ynddi, wrth reswm, fy mwriad yw tynnu sylw at y weinidogaeth Gristnogol ac nid ataf fi fy hun. Gobeithio mai felly y byddwch chi'n ei gweld hi hefyd.

Nid yw tymor fy ngwasanaeth yn y weinidogaeth yn un hir iawn hyd yn hyn; pedair blynedd ar bymtheg erbyn i'r gyfrol hon adael y wasg, sy'n dal i wneud i mi deimlo fel 'cyw gweinidog' pan ystyriaf y blynyddoedd maith o wasanaeth da a ffyddlon a gyflawnodd rhai o'm cyd-weinidogion. Ond wedi dweud hynny, efallai bod cyfnod fy ngweinidogaeth, er yn fyrrach na rhai, wedi dilyn trywydd ychydig yn wahanol i'r arfer, a hynny am un rheswm amlwg, oherwydd fy mod yn ferch.

Nid cyfrol ddiwinyddol yw'r gyfrol hon, ond gobeithio bod iddi dinc ac arlliw ysbrydol mewn mannau. Mae'n gyfrol ysgafn ond am ambell gyffyrddiad dwys a fydd, gobeithio, yn eich tywys i edrych ar waith gweinidog trwy lygaid menyw. Bu'r blynyddoedd a aeth heibio yn rhai a daflodd gysgod braidd dros rôl menyw yn y weinidogaeth, a hynny o ganlyniad i'r gwahaniaethau barn a ddaeth i'r amlwg rhwng carfanau mewn rhai traddodiadau eglwysig. Cyhoeddwyd erthyglau a chyflwynwyd papurau ar y mater. Bu 'gwragedd yn y weinidogaeth' yn ddim byd mwy na thestun dadl yn ddiweddar, a theimlaf eu bod yn haeddu gwell na hynny.

Cefais fy argyhoeddi gan sawl ffrind da a gonest wrth imi ystyried llunio'r gyfrol hon mai peth da fyddai medru darllen am brofiad cadarnhaol ynglŷn â gwaith menyw yn y weinidogaeth ordeiniedig. Hyn, yn y diwedd, oedd prif ysgogiad y gyfrol. Codaf ambell gwestiwn hwnt ac yma y byddai'n dda pe baent yn procio'r meddwl ac yn ennyn trafodaeth.

Bu ysgrifennu'r gyfrol yn gyfle ardderchog i sylweddoli eto beth yw pwysigrwydd y weinidogaeth Gristnogol a'r angen sydd amdani ymhlith ein pobol heddiw. Bu'n gyfle hefyd i ddiolch o'r newydd i Dduw am y fraint fawr o gael fy ngalw i fod â rhan ynddi.

> Boed i'r alwad wastadol
> yn ddi-ffael adael ei hôl,
> mae'n alwad gan Dad a Duw
> a dweud yr enaid ydyw,
> a galwad i fugeilio'r
> preiddiau ar ei erwau O.
>
> *Tudur Dylan Jones*

Beti-Wyn James
Caerfyrddin, Ebrill 2013

I'm the pastor, but who am I? The question is very difficult. The people of the church send out many signals, in their own way telling the pastor what it means to be 'it'. For example, church people treat the new woman minister in a very special way. She seems unique; they want to set her apart . . . She is continually singled out and held up as an example of extraordinariness!

Helene M. Pollock

1

Y Drych

*B*ore Sul cynta Medi yn nhre'r Barri oedd hi. Nid
oedd y dref wedi dihuno'n iawn o'i thrwmgwsg ar ôl
prysurdeb Gŵyl Banc Awst, ac eithrio ambell un a arhosai'n
ddisgwylgar i ddrysau Woolworth agor. Roedd sŵn fy
ngherddediad ar gerrig y ffordd yn adleisio gam wrth gam
drwy ddistawrwydd iasol y dref gysglyd. Nid oedd fy sgidie
newydd cweit yn ffitio'n iawn, ond gwnes fy ngorau glas i
anwybyddu protestiadau fy modiau bach wrth iddynt ddod
yn gyfarwydd â'u cynefin estron. Gwn o brofiad ei bod hi'n
werth dioddef yn dawel am ychydig oriau hyd nes i'r lledr
sgleiniog fowldio i siâp fy nhraed. 'They'll stretch,' meddai
gwraig y siop sgidie'n obeithiol ychydig ddyddiau ynghynt
wrth iddi geisio bwrw'r targed gwerthiant wythnosol
disgwyliedig ar draul fy nhraed innau.

Ochrgamais yn sydyn fel gwibiwr ar gae rygbi er
mwyn osgoi olion dathlu'r noson cynt ar lawr, a chamu'n
barchus dros hen gan gwag o Carling a chwdyn gwag o'r
takeaway a'i ymylon seimllyd yn crynu yn yr awel. Daw
bois y cownsil o gwmpas cyn bo hir, 'Time and a 'alf' ar
ddydd Sul. Mae'r gwŷr diflino hyn yn cyflawni'r orchwyl
wythnosol o barchuso sgwâr y dref, a'u peiriant pedair
olwyn llwglyd yn bodloni ei chwant am sbwriel wrth lyncu
fflwcsach nos Sadwrn yn awchus.

Un edrychiad sydyn yn nrych ffenest siop Boots er mwyn gwneud yn siŵr fy mod i'n edrych gystal â phosib, ac ymlaen at y sgwâr i ganol ffanffer o golomennod haerllug yn whilmentan yn stwrllyd am siâr o sbarion y werin wrth droed y biniau sbwriel. Prin y medrwn gerdded mewn llinell syth rhag bod mewn perygl o ddamsgel arnyn nhw, ond trwy drugaredd (iddyn nhw!) roedd eu symudiadau'n fwy sionc na 'nghamau breision i. Oedais i tsecio fy sanau. Dyna beth fyddai dechreuad trychinebus, cyrraedd y capel ar fy Sul cyntaf a thwll yn fy nheits. Nefi bliw! Wnâi hynny fyth mo'r tro!

Wrth groesi'r sgwâr rhwng y ffynhonnau dŵr ffansi â'u pistyll yn plygu'n fwa yn yr awel, manteisiais ar ddrych y dŵr i'm sicrhau unwaith eto 'mod i'n edrych yn ddigon taclus i greu argraff dda ar fy nghynulleidfa newydd. Roedd fy wyneb yn edrych yn grychau i gyd, diolch i'r tonnau bach ar wyneb y dŵr, a'm hadlewyrchiad yn ysgwyd i'w rhythm dawel. Nid hanner cymaint â'r swnami o nerfau a gododd yn sydyn y tu mewn i mi gan feddiannu 'nghorff cyfan.

Ymunodd côr o wylanod sgrechlyd uwch fy mhen i roi *send-off* go iawn i fi. Roeddent eisoes wedi cyflawni'r orchwyl o ffarwelio â thwristiaid yr Ynys am dymor arall, a bod yn dystion i gau drysau llon Butlins am y gaeaf, ynghyd â gweld holl fywiogrwydd y ffair yn cael ei ddofi gan darpolin i'w diogelu rhag y tywydd garw dros fisoedd cysglyd y gaeaf. Ond heddiw, roedd hyd yn oed y gwylanod fel pe baent yn ymwybodol, yn nhymor y ffarwelio, fod 'na dymor newydd ar gychwyn mewn rhan arall o'r dref.

Drwy'r sŵn gwelais gapel a'i ddrysau'n lledagored â chroeso ar draws y sgwâr. Dyma'r Tabernacl, y Barri. Ymlwybrai'r saint yn sionc a disgwylgar tuag ato gan fywiogi awyrgylch gysglyd y dre. Wrth oedi am eiliad neu ddwy a cheisio arafu curiad carlamus fy nghalon drwy chwilio yng ngwaelod f'ysgyfaint am sawl anadl ddofn, sylwais ar wynebau yn cuddio'r tu ôl i'r drysau cryfion. Ambell fflach o fraich yn estyn cymorth, ac ambell olwg ar law yn estyn llyfr emynau, ynghyd â sawl llygad yn pipo'n fusneslyd arnaf o bell.

Daeth nodau'r organ yn gliriach wrth imi gamu'n nes, a thoddodd y chwilfrydedd fel hufen iâ Fortes dan gynhesrwydd haul Awst wynebau'r rhai a fu'n pipo, a gadael gwên lydan groesawgar yn ei le gan bob un. Dringais y grisiau tuag at ddrysau'r capel gannoedd o weithiau ar ôl hynny, ond roedd y daith gyntaf honno yn un ac iddi gymysgwch o emosiynau, ac yn daith llawn arwyddocâd. Rwy'n cofio pob eiliad, pob cam o'r daith honno fel petai'n ddoe.

'Rydyn ni wedi gosod drych ar y wal yn stafell y gweinidog jest ar eich cyfer chi.' Ers y flwyddyn 1891, llwyddodd pob un o'm rhagflaenwyr i weinidogaethu heb ddrych ar y wal. Pob un ohonynt, yn ôl yr hyn a welais drwy wydr oriel parchus yr anfarwolion a syllai mewn rhyfeddod arnaf bob Sul am flynyddoedd wedyn, yn drwsiadus dros ben. Pob blewyn yn ei le ar bob copa, a phob whisgeryn wedi ei drimo'n berffaith; pob coler wedi'i startsio'n gardfwrdd o stiff, a chornel pob coler wedi ei blygu'n gwmws fel darn o *origami*, a phob tei wedi'i chlymu'n gelfydd. A hynny, credwch neu beidio, heb ddrych yn stafell y gweinidog!

Gyda'r geiriau hynny yn gymysg â'r dymuniadau da, sylweddolais ar unwaith fod aelodau'r eglwys hon, wrth alw merch atynt yn weinidog am y tro cyntaf, wedi paratoi'r ffordd yn drylwyr iawn ar gyfer ei dyfodiad.

Cadarnhawyd hyn ymhen peth amser pan welwyd degau o serfiéts wedi eu plygu'n barchus, pob un yn ei le, ar fyrddau bras y te croeso, a phob un ohonynt o liw pinc!

Am beth ydw i'n sôn am y fath bethau di-bwys, meddech chi? Wel, efallai eu bod yn ymddangos yn ddi-bwys i chi, ond i mi ar y pryd roedd 'na bwys mawr i'r hyn a ymddangosai'n ddi-bwys. Roedd y rhain yn arwyddion cadarnhaol ac yn fynegiant o groeso diffuant ac o bob ymdrech a wnaed i greu naws gyfeillgar a chartrefol gan gymdeithas eglwys a oedd ar fin profi gweinidogaeth merch, am y tro cyntaf erioed yn ei hanes. Ac mae'r tro cyntaf y gwneir unrhyw beth yn ddigwyddiad pwysig yn aml iawn.

Ni all unrhyw rai brofi eu hunain hyd nes y rhoddir cyfle iddynt wneud, ac efallai na ddylai neb mewn gwirionedd feirniadu sefyllfa neu amgylchiad heb ei brofi drostynt eu hunain. Rhaid canmol aelodau'r eglwys honno am eu dewrder a'u hysbryd mentrus. Nid oedd llawer o'm plaid, rhaid cyfaddef; roeddwn yn ifanc, yn anaeddfed, yn annoeth – ac rwy'n dal i fod ym marn rhai, siŵr o fod – yn ffres o'r coleg, yn ddibrofiad; ac fel petai hynny ddim yn ddigon, roeddwn i hefyd yn gwisgo sgert! Wn i ddim hyd y dydd hwn a fu ystyried merch yn weinidog yn fater trafodaeth gyhoeddus yn yr eglwys gyntaf honno a fu dan fy ngofal, neu yn fy ngofalaeth bresennol yn y Priordy, Caerfyrddin a Cana a Bancyfelin. Neu o leia, rhowch hi fel hyn, nid oes neb wedi cyfaddef hynny i mi! Eto, bu un neu ddwy (dwy, sylwer) yn ddigon gonest a dweud wrthyf ymhen rhai blynyddoedd eu bod wedi mynegi pryder yn dawel fach. Caf sôn mwy am hynny ymhellach ymlaen.

Diolch am bobol sydd wedi rhoi'r cyfle i ni ferched – a hynny o bosib gydag ychydig o betruster tawel – brofi ein bod, gobeithio, yn gallu gwneud llawn cystal gweinidogion â'r dynion. Mae gennym neges i'w chyhoeddi, a gobeithio'n wir bod ein cynulleidfaoedd yn ein gweld yn fwy na dim ond enghraifft o *extraordinariness* yn unig!

Dibley

Yn ystod y 1990au rhoddwyd sylw arbennig mewn cyfres gomedi deledu i'r ficer benywaidd, Geraldine Granger, a bortreadwyd mor wych gan yr actores amryddawn Dawn French. Cawsom ein tywys yn wythnosol i bentref gwledig dychmygol Dibley lle gwelwyd Geraldine yn gwneud ei gorau glas i warchod bywydau ysbrydol ei phraidd yn eglwys Sant Barnabas, Dibley. Roedd y gymuned yno, rwy'n siŵr y cytunwch, yn cynnwys trawstoriad o gymdeithas ac elfen ecsentrig iawn yn perthyn iddynt a dweud y lleia! Seiliwyd cymeriad Geri Granger, a oedd yn wead cymhleth o lawenydd, hwyl a rhwystredigaethau, ar fywyd menyw a oedd yn offeiriad mewn eglwys yn ne Llundain; gwraig y cyfarfu Richard Curtis, crëwr a chyd-awdur y gyfres, â hi a'i gweld yn cyflawni ei gwaith yn ei sgert fer a bŵts lledr hyd ei phengliniau. Cewch farnu drosoch eich hunain am lwyddiant y gyfres. Roeddwn i yn bersonol wrth fy modd yn ei gwylio. Cofiaf yn

arbennig y rhaglen gyntaf oll pan daflodd cwmwl mawr
ei gysgod dros gymuned Dibley yn dilyn marwolaeth yr
hen offeiriad a fu'n bugeilio'r praidd yn ffyddlon yno ers ei
ddyfodiad i'r fro yn y flwyddyn 1917! Aed ati ar unwaith
i sicrhau olynydd iddo, ac mewn un olygfa gofiadwy fe
ymddangosodd y ficer newydd ar noson wlyb a stormus
a chael ei chyfarch â'r geiriau, 'But you're a woman!'
Ymatebodd Geraldine Granger gyda'r ffraethineb a
fyddai'n nodweddu ei chymeriad, drwy ddweud, 'Don't
tell me, you were expecting a bloke, with a beard and a
Bible, but instead you've got a babe with a bob cut and a
magnificent . . .' a chan bwyntio at y rhannau amlwg hynny
o'i chorff – rhywle rhwng ei bola a'i gwddf – dywedodd,
'Aren't these just a giveaway?'

Roedd yr olygfa ddoniol honno yn pwysleisio'r
methiant i gwrdd â disgwyliadau'r saint yn Dibley. Roedd
y ffeirad newydd yn gwbl wahanol; yn wir, ymddengys
ei bod hi i'r gwrthwyneb yn llwyr i'r disgwyliad. Gallaf
gydymdeimlo â'r ffyddloniaid yn Dibley, ond gallaf
gydymdeimlo hefyd â'r Geraldine Granger ddychmygol
gan iddi orfod ddod o hyd i eiriau'n go sydyn er mwyn
cynnal y sgwrs tra oedd gweddill y cwmni fel pe baent
wedi'u parlysu gan sioc mud.

Roedd dyfodiad Geraldine Granger i Dibley yn wahanol
iawn i'm dyfodiad i i'm heglwys gyntaf yn y Tabernacl, y
Barri, a hefyd i'm gofalaeth bresennol yng Nghaerfyrddin.
Wedi dweud hynny, gan fy mod wedi crwydro'r wlad yn
arwain oedfaon er pan oeddwn yn weddol ifanc, roeddwn
yn gyfarwydd â'r sioc cwbl amlwg fyddai ar wynebau
rhai mewn ambell gapel o ddod wyneb yn wyneb â merch

yn y pulpud. Rhyfedd sut mae disgwyliadau pobol yn medru cael eu chwalu pan nad yw rhywun yn ffitio'r mowld o ran pryd a gwedd a ffordd o weithredu. Cofiaf yn arbennig am un achlysur ar nos Sul aeafol mewn capel diarffordd, a minnau'n ugain oed a'm bryd ar y weinidogaeth ac wedi cychwyn pregethu ym mhulpudau capeli'r ardal o Sul i Sul.

Gan nad oeddwn wedi addoli ryw lawer y tu allan i furiau Hebron, Clydach, sef y capel a fu'n gartref ysbrydol i mi a nheulu ers cenedlaethau, roedd y profiad o ymweld â mannau addoli dierth yn un na ddaeth yn rhwydd imi ar y dechrau. Byddwn yn poeni bob tro am gael trefn yr oedfa'n gywir, yn poeni a fyddwn yn medru cyhoeddi'r emynau a ddewiswyd gan yr organyddion ar fy nghyfer yn iawn, gan nad oeddwn wedi cael cyfle i'w gweld cyn yr oedfa. A fyddai 'na ambell air hir i faglu drosto, neu frawddeg flodeuog y byddai 'nhafod yn mynd ynghlwm yn ei chanol? Byddwn yn poeni a oeddwn i gydganu Gweddi'r Arglwydd, neu ei chydweddïo ar lafar, yn poeni a fyddai copi o gyfieithiad newydd y *Testament Newydd* ar astell y pulpud, ac yn ddiweddarach y *Beibl Cymraeg Newydd*, oherwydd na chefais fy magu yn sŵn yr hen gyfieithiad. Chwysais ar lawer achlysur wrth dreial dod o hyd i'r Salm gywir ymhlith rhwydwaith y rhifau rhufeinig. Dro arall, chwysais wrth ofyn am eiliadau o dawelwch ar gyfer gweddïau personol yn ystod y weddi gyhoeddus, dim ond i glywed yr organydd yn cychwyn canu Gweddi'r Arglwydd gan iddo feddwl fy mod wedi rhedeg mas o eiriau ac wedi tynnu'r weddi i'w therfyn! Ond ymhlith y chwysfeydd mwya a gefais oedd dirwyn y weddi gyhoeddus i'w therfyn

trwy ddweud 'Amen', agor fy llygaid a gweld fy mod, wrth
weddïo, yn ddiarwybod i mi fy hun, wedi troi fy nghorff
yn ara' bach, a bellach yn wynebu'r wal gefn! Gallaf eich
sicrhau fy mod wedi cydio'n dynn iawn yn astell y pulpud
wrth weddïo byth ers hynny!

Mae'n siŵr gen i fod y rhan fwyaf o'm cyd-weinidogion
yn medru sgrifennu nid cyfrol ond cyfrolau am droeon
trwstan yn y weinidogaeth. Rhai yn dal i dynnu gwên
ac eraill yn dal i godi gwrid. Ond o ddyddiau cynnar
pregethu fe saif y profiad yn fy nghof hefyd o gyrraedd
ambell gapel a neb yno i'm croesawu. Neb i esbonio trefn
yr oedfa a neb yn dweud gair ar y diwedd, dim ond un
yn stwffio tâl cydnabyddiaeth yn ddiseremoni i'm llaw
tra bod y diaconiaid yn tyrru at y platiau casglu fel clêr at
bot jam i gyfri'r offrwm, a 'ngadael innau, yn ferch ifanc
a oedd â thân yn llosgi yn ei chalon dros ledaenu Efengyl
Iesu Grist, i gerdded allan o'r capel mor ddisylw â phan
gerddais i mewn, awr ynghynt. Rwy'n meddwl ambell
waith y gallai profiadau o'r fath fod wedi bod yn ddigon i
dorri fy nghalon ifanc frwdfrydig a'm gwyro oddi ar lwybr
y weinidogaeth. Ond eithriadau prin oedd achlysuron felly,
a diolch am hynny. Fel merch ifanc, derbyniais groeso
gwresog ar y cyfan wrth ymweld â chapeli, a'r aelodau yn
hynaws a gwerthfawrogol, ond fel ym mhob peth, mae 'na
eithriadau. Pan mae'n fater o ddiffyg croeso mewn eglwys,
rwy'n tristáu gan fy mod yn gwybod o brofiad fod yr
eithriadau prin hynny i'w cael o hyd heddiw.

Ond roedd y croeso a dderbyniais yn y capel diarffordd
hwnnw yr oeddwn ar fin sôn wrthych amdano yn hollol
wahanol. Fy nhasg gyntaf oedd gadael y car a chyrraedd

y capel. Y gwir amdani oedd fy mod yn greadur mor
swil a nerfus pan oeddwn yn ifanc – rydw i'n dal i fod yn
boenus o nerfus ar adegau, gyda llaw – fel fy mod wedi
eistedd yn y car am beth amser yn gwylio'r ymbaréls
gwlyb yn ymlwybro i'r capel o bell, gan feddwl yn sicr fy
mod wedi llwyddo i gwato tu ôl i batrwm y diferion glaw
oedd wrthi'n frwd yn cystadlu am le ar y ffenest flaen.
Bûm yno am beth amser, yn dyst i'r saint yn ymdrechu'n
aflwyddiannus i reoli eu hymbaréls a cheisio cario coblyn
o lyfr emynau mawr o dan eu cesail ar yr un pryd! Bûm
yn cyfri pennau, yn ceisio dyfalu ai gŵr a gwraig neu
frawd a chwaer neu dad a merch ac yna cafwyd toriad yn
llif y bobol, a chyfle imi symud ar fy union o'r car, trwy'r
glaw ac i'r capel mewn camau breision, cyn y don nesaf o
ymbaréls afreolus.

Wedi cyrraedd cyntedd y capel, ces groeso gwresog
a derbyniol iawn ar noson mor stormus gan wraig
oedrannus a ddiolchodd i mi am droi i mewn i'r oedfa.
Cymaint oedd ei hawydd i'm croesawu nes iddi fy arwain i
mewn drwy'r cyntedd gerfydd fy mraich a'm parcio mewn
sedd yn y cefn o dan y galeri, gosod llyfr emynau yn fy
llaw a'm cyfarch yn garedig gyda'r gorchymyn, 'Gewch chi
eistedd gyda fi.' Gwnes ymdrech gwrtais i esbonio mai fi
oedd yn pregethu yn yr oedfa ond nid oedd fy ngeiriau'n
ddigon uchel i dorri ar lif ei sgwrs, heb sôn am ei droi!
Wedi gwers hanes sydyn ar yr Achos yno, a phwyslais ar
gyfraniad amhrisiadwy ei theulu hithau i'r Achos dan
sylw, dywedodd a thinc siomedig yn ei llais, 'Trueni mawr
mai heno rydych wedi troi fewn atom oherwydd dyw
Mr Hwnco-Manco, y gweinidog, ddim yma heno, mae

e'n pregethu i ffwrdd. Chewch chi ddim cyfle i gwrdd ag e, dyna niwsans. Rhyw *fenyw* sy gyda ni heno.' Awtsh! Ie, rhyw fenyw, a fi oedd y fenyw honno'n digwydd bod! Fy ngolwg yn wahanol i'r disgwyl eto. Felly y bu yn hanes nifer ohonom ni fenywod yn y weinidogaeth. Mae ein hymddangosiad yn dal i roi gwg ar wynebau rhai a gwên ar wynebau eraill. Chwarae teg, ymateb boneddigaidd iawn ges i oddi wrth y fenyw groesawgar pan sylweddolodd ei chamgymeriad.

Ond syndod neu beidio, teimlaf o 'mhrofiad i, fod y ffaith mai merch ydw i yn y weinidogaeth wedi creu cryn ddiddordeb ymhlith cylchoedd eraill o bobol. Mae wedi ysgogi rhai, efallai, nad oedd yn hawdd iddynt ddygymod â'r sefyllfa na'i derbyn, i ystyried o ddifri yr hyn y gall merched ei gyfrannu i'r weinidogaeth Gristnogol.

2

Y weinidogaeth

*E*fallai y byddai'n dda i ni oedi am funud neu ddwy er mwyn gofyn beth yn union yw'r weinidogaeth Gristnogol hon yr wyf yn sôn cymaint amdani. Defnyddir yr enw 'gweinidog' am rywun a ordeinir i'r weinidogaeth Gristnogol. Ystyr y gair 'ordeinio' yw neilltuo, ac ystyr y gair 'gweinidog' yw gwas, neu un sy'n gwasanaethu.

Defnyddir y gair 'gweinidog' mewn mannau y tu allan i gylch yr eglwys Gristnogol hefyd. Ceir, er enghraifft, 'weinidogion' sy'n dal swyddi gyda'r weinyddiaeth wladol, y Senedd neu'r Cynulliad yn ein hachos ni yng Nghymru. Wn i ddim am weinidogion eraill, ond mae cysylltu'r gair gweinidog â'r alwedigaeth hon wedi peri ychydig bach o ddryswch ar fwy nag un achlysur.

Clywais am dad ar deulu sy'n aelodau yn un o'r eglwysi dan fy ngofal yn sôn amdano'i hun a'i wraig a'r plant yn eistedd wrth y bwrdd brecwast un bore. Ymhlith y danteithion a osodwyd o flaen y plant ar y bwrdd roedd blwch o'r grawnfwyd enwog a blasus hwnnw, Frosties. Efallai eich bod yn cofio bod llun o deigr cyfeillgar o'r enw Tony ar ei flaen. 'Www . . . yr un enw â Phrif Weinidog Prydain, *Tony* Blair,' meddai un o'r plant. Dyma holi'r plant ymhellach, pwy oedd Prif Weinidog *Cymru* a daeth yr ateb fel bwled o ddryll, 'Beti-Wyn!' Awgrymais efallai y dylid newid y fwydlen amser brecwast rhag peri mwy o gamddealltwriaeth.

Crëwyd dryswch ym meddwl un bachgen ifanc arall rywdro wrth iddo fy ngweld ar fy ngliniau yn paentio wal ffrynt fy nghartref cyntaf un pnawn Sadwrn o haf. Wrth ganolbwyntio hyd eithaf fy ngallu ar y brwsh, y wal a'r tun paent, yng nghornel bellaf fy llygad ymddangosodd pâr o sgidie rhedeg a oedd yn amlwg wedi cael llawer o gariad ac iws, ac ynddynt draed gweddol ifanc, ac yn nes lan pâr o jîns tyllog trendi. Mab un o'r cymdogion oedd wedi oedi yn llawn rhyfeddod o 'ngweld â brwsh paent yn fy llaw. 'Aren't ew some sort of minister?' meddai yn acen unigryw Dociau'r Barri. *Some sort?* Bu bron i mi ateb drwy ddweud nad ef oedd y cyntaf i ofyn hynny. Gosodais y brwsh paent yn ofalus ar ben y tun a pharatoi fy hun am sesiwn arall debyg i'r sesiynau holi ac ateb roeddwn bellach wedi dod yn gyfarwydd â nhw. Dyma ateb ei chwilfrydedd drwy ddweud, ie'n wir, er gwaetha'r brwsh paent, mai gweinidog oeddwn i. 'Gotta do a lot of stuff in ewer job, 'aven't 'ew? Paintin an' all?' meddai. 'They call it a trade don' 'ey? This paintin' business an' stuff? 'Ew must be THE Minister of Trade & Industry! I've 'eard a lot abowt 'ew I 'ave.' Hwyliodd heibio yn fodlon ei fyd, wedi rhannu'i neges â fi, denim ei jîns llac a llydan yn creu awel ysgafn ar fy moch, a 'ngadael yn syn. Ailgydiais yn y brwsh paent a'r tun – doedd gen i ddim un ateb i'w gynnig.

Caf fy holi am natur fy ngwaith yn aml, fel nifer o'm cydweinidogion, mi dybia i, ac nid yn unig gan blant bach wrth y bwrdd brecwast neu gan fois ifanc mewn jîns trendi. Yn wir, gallaf faddau iddyn nhw am beidio â deall, ond syndod o'r mwyaf yw'r cwestiynu a ddaw o bob math o gyfeiriadau eraill. Atebaf yn betrus, a swil ar adegau, 'Gweinidog', ac ymatebir i hynny gan ambell un drwy daflu cwestiwn arall ataf: 'Gweinidog beth?' *Minister of what*? Addysg? *Trade & Industry*?! Hamdden a chwaraeon? Caf fy nhemtio i ddweud *Minister of Defence*! Onid dyna, wedi'r cwbwl, yw rhan o 'ngwaith, amddiffyn yr Efengyl? Gweinidog yr Efengyl ydw i, a phob gweinidog arall sydd wedi teimlo yn ei chalon neu ei galon fod Duw wedi eu galw. Ond a yw pobol yn ei chael hi'n anodd cysylltu'r gair 'gweinidog' â menyw? A fyddai pobol yn fy nghwestiynu ynglŷn â pha fath o weinidog oeddwn i pe bawn i'n ddyn? A yw pobol yn *dal* i synnu bod gwragedd yn ogystal â gwŷr yn rhan o'r weinidogaeth ordeiniedig? Tybed . . .

Mae pobol, yn wŷr neu'n wragedd, yn cael eu hordeinio, sef eu neilltuo, i ymgymryd â nifer o freintiau a chyfrifoldebau oddi mewn i'r eglwys. Sylwch fy mod yn defnyddio'r gair 'eglwys' yn amlach o lawer na'r gair 'capel'. Beth ddaw i'ch meddwl chi pan glywch y gair 'eglwys'? Pa ddelwedd? Wrth feddwl am eglwys, fe feddylir gan amlaf am yr adeilad a welir ym mhob tref a phentref bron. Adeilad ac iddo dŵr uchel sgwâr neu faen yn ymbresenoli ei hun drwy estyn uwchlaw'r adeiladau eraill yn y dref, neu wedi ei leoli yn bwrpasol mewn llecynnau prydferth ar hyd a lled y wlad i wasanaethu'r ardal o'i hamgylch. Dyma'r eglwys ddaw i feddyliau llawer gan amlaf, ac iddi offeiriad a churad yn ei gwasnaethu gyda'r Eglwys yng Nghymru, neu yn achos yr Eglwys Babyddol, bydd Tad Pabyddol yn ei harwain.

Os oes eglwys ym mhob ardal, mae 'na siawns go dda bod yno gapel, neu ddau neu dri, yn yr un ardal hefyd. Capeli sydd, neu a fyddai slawer dydd, â gweinidog yn eu harwain. Gweinidog o gefndir Anghydffurfiol ydw i, a thri chapel yn fy ngofal ar hyn o bryd, sef Cana, Bancyfelin a'r Priordy – y tri yn ardal Caerfyrddin. Ond eto, nid gweinidog mewn *capeli* ydw i, ond yn hytrach mewn *eglwysi*. Adeilad, ac adeilad yn unig yw capel. Man cyfleus i addoli. Yr 'eglwys' yw'r bobol sy'n cyfarfod oddi mewn i'r capel. Y Cristnogion cynnar fu'n gyfrifol am fabwysiadu'r gair 'ekklesia' o'r iaith Roeg, a'i ystyr gwreiddiol yw casgliad o bobol yn dod ynghyd i drafod ac i wneud penderfyniadau ynghylch sut i fynd ati i weithredu ewyllys Duw ar gyfer y byd. Cymuned yw eglwys, ac nid casgliad o unigolion sy'n dod ynghyd ac yna'n diflannu i fyw eu bywydau yn annibynnol hyd nes iddynt ddod at ei gilydd y tro nesaf. Cymuned sy'n gweithio gyda'i gilydd, yn cyd-ddyheu, yn rhannu'r un neges a'r un gobeithion. P'un ai ydym yn mynychu lle o addoliad neu beidio, mae'n siŵr gen i ein bod wedi dysgu geiriau'r weddi a ddysgodd Iesu i'w ddisgyblion rywbryd yn ystod ein magwraeth. Gweddi'r teulu yw Gweddi'r Arglwydd. '*Ein Tad*, yn y nefoedd; dyro *inni* heddiw *ein* bara beunyddiol; a maddau *inni ein* troseddau, fel yr ŷm *ni* wedi maddau i'r rhai a droseddodd yn *ein* herbyn . . .' Nid cyfeiriadau at yr unigol sydd yn y weddi, ond sylwer bod pob un o'r deisyfiadau yn y lluosog. Mae'n weddi gymdeithasol a luniwyd i'w gweddïo gan gymuned. Cymuned yw'r eglwys, ac nid brics a phren! Cymuned o bobol sy'n cwrdd yn gyson a ffyddlon i weithredu ein cyfrifoldeb i Dduw ac i fwrw ati i gyflwyno bwriadau Duw ar gyfer ein cymdogaeth, ein cenedl a'n byd. Dyna pam na allaf yn fy myw â dweud fy mod yn weinidog mewn tri chapel, ond yn hytrach mewn tair eglwys. Peth *byw* yw eglwys. Peth marw yw capel. Ar y bobol mae angen gweinidogaeth. Does dim angen gweinidog na gweinidogaeth ar frics, sment, pren na llechi.

Yn ôl geiriad y gwasanaeth ordeinio gweinidog yn *Llyfr Gwasanaeth yr Annibynwyr* ordeinir rhywun i bregethu a dysgu Gair Duw, i weinyddu ordinhadau bedydd a Swper yr Arglwydd, i arwain gweddïau ac addoliad yr eglwys, i fugeilio'r praidd a'u cadarnhau yn y ffydd, i adeiladu'r eglwys mewn cariad a chadw undod yr Ysbryd yng nghwlwm tangnefedd. O gadw at yr addewidion a wneir mewn cwrdd ordeinio, ac o'u cyflawni yn ffyddlon o dan arweiniad Duw, mae'r cyfrifoldebau hyn gyda'i gilydd yn cael eu hystyried yn weinidogaeth; gweinidogaeth y mae gan bob aelod o'r eglwys ran ynddi, ond bod gan y gweinidog gyfrifoldeb arbennig i'w harwain.

Mae Duw yn galw unigolion i'r weinidogaeth. Yn wir, mae Duw yn galw *pawb* i fod â rhan yn ei waith, ond teimla rhai alwad i'r weinidogaeth ordeiniedig. Ni all unrhyw berson greu galwad o'r fath, dim ond Duw ei hun. Eto, mae Duw yn medru defnyddio ffyrdd gwahanol i siarad â phobol. Mae Duw yn defnyddio pobol eraill o'r tu mewn a'r tu allan i'r eglwys mewn sawl ffordd er mwyn cyffwrdd â chalonnau, ond cyfryngau yn unig yw'r bobol; Duw sy'n hawlio'r alwad, ac nid dyn (na menyw, o ran hynny). Mae'r ymdeimlad o gael eich galw gan Dduw i waith y weinidogaeth yn ymdeimlad llethol o annheilyngdod oherwydd bod y gwaith mor fawr a'r dasg mor bwysig. Mae'r gweinidog yn dibynnu

ar weddi a defosiwn a myfyrdod cyson ar Air Duw i'w
chynnal neu ei gynnal yn y gwaith.

Fel ym mhob galwedigaeth, fe geir amrywiaeth o
bobol ac amrywiaeth o ddoniau o fewn y weinidogaeth.
Ni allwn beidio â rhyfeddu bod Duw wedi galw, ac yn
dal i alw'r fath amrywiaeth o bobol i fod yn weinidogion
iddo; amrywiaeth o ran cefndir, dawn, diddordeb a
phersonoliaeth. Mae Duw yn meddiannu personoliaethau,
nid yn eu diddymu, ac yn eu troi i fod yn llestri i'w
fwriad ei hun. Daw pob gweinidog â'i gyfraniad ei hun
i'r weinidogaeth. Does dim un ddawn, dim un profiad,
dim un cefndir na ellir eu cysegru ar allor gwasanaeth
Iesu Grist. Ond er gwaethaf yr holl amrywiaeth sydd yn
rhengoedd y weinidogaeth, mae gan bob gweinidog un
peth yn gyffredin, sef iddo ef neu hi gael ei alw neu ei galw
i'r gwaith gan Dduw ei hun. Ac ymhlith yr amrywiaeth
o bobol a alwyd ac a elwir o hyd i'w cysegru eu hunain i'r
gwaith, y mae menywod.

Ordeinio menywod

Nid fy mwriad yn y gyfrol hon yw neidio ben a thraed i
mewn i fôr y dadleuon am ordeinio menywod, rhag ofn i'r
llif godi uwch fy mhen, neu i'r cerrynt fy nhynnu o dan y
dŵr a'm boddi.

Ysgrifennwyd degau o lyfrau yn trafod y pwnc hwn,
rhai yn cyflwyno dadleuon o blaid, ac eraill ddadleuon
yn erbyn. Rhai ohonynt yn unochrog o blaid, ac eraill
yn unochrog yn erbyn. Defnyddiwyd pob math o eiriau

gan bob math o bobol, rhai ohonynt yn eiriau o'r Beibl, adnodau, brawddegau a gosodiadau, i fynegi barn a cheisio argyhoeddi eraill a dylanwadu ar eu ffordd o feddwl. Daeth ambell gyfrol i'r golwg a fu'n trafod y pwnc yn gwbwl gytbwys. Y gwirionedd yw bod moroedd o inc, coedwigoedd o bapur, miliynau ar filiynau o sglodion meicro a chof cyfrifiadurol nad oes modd amgyffred eu maint wedi'u defnyddio i fynegi'r naill safbwynt a'r llall ar y mater hwn.

Mae'n ddiddorol sylwi ar y teitlau a osodwyd ar rai o'r cyfrolau hyn. Ystyriwch, er enghraifft, y cyfrolau *By Sex Divided* gan Jonathan Petre a *Hasten Slowly* o waith y Parchg Joyce M. Bennett, i enwi ond dwy. Mi fedrech ddweud bod rhyw ysbryd negyddol yn perthyn i deitlau fel hyn, ond i mi, mae geiriau felly'n fynegiant gonest o'r gofid ingol a brofodd cannoedd o fenywod wedi iddynt ymdeimlo â Duw yn eu galw i'r weinidogaeth a sylweddoli bod y bererindod ysbrydol, o'r alwad i'r ordeinio posib, yn mynd i fod yn un hir a chaled. Rwy'n defnyddio'r gair 'pererindod' yn fwriadol. Ac er bod William Williams, Pantycelyn – rwy'n un o'i ffans pennaf, gyda llaw – yn sôn amdano'i hun fel 'pererin yn crwydro yma a thraw' ofnaf fod yn rhaid i mi angytuno ag e fanna! Crwydryn sy'n crwydro, nid pererin. Mae nod o flaen pob pererin. Mae'r pererin yn gwybod i ble mae'n teithio. Do, wedi'r alwad, bu'r bererindod yn un hir a chaled i nifer o fenywod.

Yn ogystal â'u paratoi eu hunain yn ysbrydol, bu'n rhaid i fenywod ymgodymu ag argyhoeddi eraill o'r alwad honno hefyd – tasg a brofodd yn un aruthrol o fawr i sawl un. Ymhlith y cyfrolau sy'n mynd ati i drafod y pwnc yn gytbwys mae cyfrol Charles Trombley, *Who Said Women Can't Teach?* Heb dynnu nyth cacwn am fy mhen, hoffwn longyfarch yr awdur sy'n cloi ei gyfrol wedi trafodaeth gytbwys ac amlhaenog â'r geiriau:

> My conclusion is that nowhere in the Bible, from Genesis to maps, forbids any woman from serving God in any capacity. He calls and prepares her to fulfill.

Ie, clywais innau ar hyd fy mhererindod ysbrydol ddigon o 'esgusodion' – yn fy marn i – dros beidio ag ordeinio menywod, ond dim un 'rheswm' sydd wedi fy argyhoeddi. Wedi dweud hynny, teimlaf fod yn rhaid parchu barn pawb, er nad ydym o bryd i'w gilydd yn deall y farn honno'n iawn, nac yn cytuno â hi o anghenraid. Duw sy'n galw unigolion i'r weinidogaeth Gristnogol, a phan ymdeimla'r unigolyn â galwad Duw, ei fraint ef neu hi yw ymateb yn gadarnhaol i'r alwad honno. Nid oedd barn unrhyw un arall yn medru fy atal i, nac eraill tebyg i mi, yn y pen draw, rhag ufuddhau i alwad Duw. Teimlaf fod yr alwad wedi ei chadarnhau trwy gyfrwng y cyfleoedd a ddaeth i'm rhan a'r drysau a agorwyd i mi oddi mewn i'r weinidogaeth.

Gan fy mod yn perthyn i draddodiad Anghydffurfiol Cymraeg gydag Undeb yr Annibynwyr Cymraeg, sydd, ers ei sefydlu yn 1872, wedi croesawu menywod i'r weinidogaeth bob amser, ni allaf fod yn gwbwl siŵr am agwedd eglwysi eraill annibynnol eu trefn cyn hynny.

Serch hynny, bu ordeinio menywod yn fater dadleuol iawn mewn ambell draddodiad eglwysig arall, ac yn bennod yn eu hanes a arweiniodd at gryn chwerwder

Ymweld â Bethlehem, Sir Gâr, gyda fy rhieni adeg fy Nadolig cyntaf.

Fy siwt gynta. Barod i bregethu!

Mam a Dad yn dathlu eu priodas aur ym mis Mawrth 2011.

Llun: Arfon John

Rhown fawl am yr Hebron a fu – o'i furiau daw'n hyfory.

Llun: Arfon John

Ffenest liw er cof am y diweddar
Barchg Gareth Thomas.

Y Parchg Susannah J. Rankin a
ordeiniwyd yn 1925.

Tybed a ga' i ysbrydoliaeth wrth gerdded ar hyd banc y gamlas yng
Nghlydach fel cafodd yr hen weinidogion slawer dydd?

Y Parchg Winifred Mair Griffiths a ordeiniwyd yn 1976.

Yng nghwmni'r plant yn ninas Seoul, De Corea, Mehefin 1991.

Cymdeithas y Cymod.
Oedfa ar safle hen gapel Y Babell, Mynydd Epynt, 1995.

Diwrnod fy ordeinio. Y Barri, 14 Medi, 1994.

ymhlith y rhengoedd ac yn achos rhaniadau. Er bod canlyniad y bennod hon yn un positif yn fy mhrofiad i, mae 'na ryw dristwch yn y ffaith bod y broses o ganiatáu ordeinio menywod wedi bod yn un mor boenus i eraill. Mae'r weinidogaeth Gristnogol yn alwedigaeth arbennig iawn, ac yn rhywbeth pwysig a gwerthfawr yng ngolwg Duw. Mae meddwl am ei gwneud yn destun dadl yn peri loes calon i mi. Dylem fod yn ei dyrchafu ac nid yn cwmpo mas drosti.

Felly deuthum yn fyfyriwr diwinyddol yng Ngholeg yr Annibynnwyr Cymraeg, Aberystwyth, ddechrau'r 90au a lletya yn y Coleg Diwinyddol Unedig ar y prom. Roedd fy mryd ar y weinidogaeth, ac yn ystod y tair blynedd a dreuliais yn Aberystwyth roedd fy mywyd yn gymysgwch o emosiynau wrth feddwl am ba mor fawr oedd y dasg o'm blaen. Rhyfedd sut mae brwdfrydedd ac arswyd yn medru cyd-fyw o dan yr un fron.

Dychwelais o bregethu ambell Sul yn ddigon digalon, collais gwsg a phwysau, ond roedd yr elw yn pwyso'n drymach o lawer yng nghlorian y profiad na'r golled bob tro. Enillais lawer mwy mewn gwybodaeth, ysbrydoliaeth a llu o ffrindiau newydd.

Rwy'n cofio eistedd wrth fy nesg yn fy stafell un prynhawn yn ceisio ymgodymu â'r ychydig o Roeg digon bratiog oedd gen i er mwyn cael saib oddi wrth deithiau cenhadol Paul a chyn symud ymlaen at Gredo Nicea. Doedd fawr o ddim i'w glywed yn yr adeilad, a dim ond sŵn tonnau yn chwipio yn erbyn wal y prom y tu allan ac ambell wylan yn fy nghyfarch – mewn Groeg, ysgwn i? – wrth iddynt wibio heibio'r ffenest.

Yn sydyn, torrwyd ar draws y tawelwch pan ganodd cloch y coleg. Cloch, os cofiaf yn iawn, a genid trwy ei hysgwyd â llaw oedd y gloch hon. Deirgwaith y dydd yn unig y cenid hi fel arfer – yn y bore i'n galw i'r oedfa, amser cinio i'n galw i'r byrddau, ac yn yr hwyr i'n galw i'r epilog. Pam ei chanu ganol prynhawn? Fy ymateb greddfol oedd meddwl bod un o'r myfyrwyr direidus wedi cydio yn y gloch a'i hysgwyd fel jôc cyn baglu o 'na nerth ei draed (neu ei thraed hyd yn oed). Wrth barhau i eistedd heb fawr o ofid, llamodd fy nghalon yn sydyn wrth feddwl efallai bod rhyw brysurdeb yn nhinc caniad y gloch, rhybudd . . . rhybudd o dân? Ai gwell fyddai cydio yn fy mag a rhedeg nerth fy ngallu ar hyd coridor trydydd llawr yr adeilad crand hwn, gan gnocio pob drws ar y ffordd nes imi gyrraedd ceg y grisiau mawreddog? Hedfan o ris i ris ac allan i'r prom ar fy union, gan gymryd yn ganiataol bod yna dân, neu o leia, ymarfer tân? Ond ni allwn fod wedi bod ymhellach oddi wrth y gwirionedd. Ni chanwyd cloch y coleg allan o ddireidi unrhyw giang o stiwdents gwirion, na chwaith fel rhybudd o berygl, ond fe'i canwyd mewn llawenydd. Nid oedd mwg, ond roedd 'na dân, a hwnnw'n dân a oedd yn llosgi'n eiras yng nghalonnau'r cyfryw rai.

Roedd Synod yr Eglwys yng Nghymru yn cyfarfod yn Llambed yr wythnos honno, a thestun ordeinio menywod yn offeiriadon yn cael ei drafod. Daeth neges gadarnhaol o Lambed y prynhawn hwnnw'n awgrymu bod arwyddion positif wedi codi o'r cyfarfod. Gwn fod deddfu yng Nghorff Llywodraethol yr Eglwys yng Nghymru yn broses hir a chymhleth, ac nid wyf yn gwybod i'r dydd hwn beth

yn union a basiwyd y prynhawn hwnnw, ond beth bynnag
a ddaeth o'r cyfarfod, bu'n ddigon i ysgogi un ferch ifanc a
oedd yn cydletya â mi ac oedd â'i bryd ar y weinidogaeth
i gydio yng nghloch y coleg a'i hysgwyd yn ddidrugaredd
mewn llawenydd a gorfoledd. Sylweddolais o'r foment
honno ymlaen cymaint oedd rhwystredigaeth y ferch
hon, tra oeddwn i, a fagwyd mewn traddodiad eglwysig
gwahanol, wedi cymryd merched yn y weinidogaeth mor
ganiataol.

3

A wnaiff y gwragedd . . . ?

*Y*n wyneb y ffaith bod rhai traddodiadau eglwysig
ar hyd eu hanes wedi croesawu ordeinio gwragedd,
a chan fod gennym dystiolaeth ym mywydau'r rheini
ohonom sydd yn y gwaith fod Duw yn galw gwragedd,
a chan dybio hefyd mai gwragedd sy'n cyfri am ganran
uchel o'n cynulleidfaoedd yng Nghymru heddiw, ni allaf
ymatal rhag codi'r cwestiwn, 'Pam yn byd nad oes mwy
ohonom yn weinidogion?'

Un o'r menywod cyntaf y des i wybod am hanes ei
bywyd a'i gwaith a hynny yn ystod cyfnod o ddysgu am
waith y cenhadon Cymraeg, oedd y ddiweddar Barchg
Susanna J. Rankin a godwyd i'r weinidogaeth yng nghapel
yr Annibynwyr Pendref, Llanfyllin, ac a gafodd ei
hordeinio i'r weinidogaeth gan yr Annibynwyr Cymraeg.
Gwasanaethodd Susanna Rankin yn ffyddlon drwy ei hoes
fel cenhades ym Mhapua Guinea Newydd dan faner yr
L.M.S. (London Missionary Society). Enillodd barch
ei chyd-weithwyr gwrywaidd ac fe roddodd statws i'r
menywod yn yr eglwys ac yn y gymdeithas. Mae hanes
ei hordeinio yn un diddorol iawn. Wedi iddi dderbyn
hyfforddiant diwinyddol, penderfynodd beidio â chael ei
hordeinio rhag ofn y byddai'r eglwys ym Mhapua Guinea
Newydd yn ei gwrthwynebu oherwydd ei bod yn fenyw.

Cynhaliwyd oedfa i'w 'chomisiynu' i'r gwaith cenhadol
ar 2 Hydref, 1925 yn ei mam eglwys ym Mhendref,
Llanfyllin. Aethpwyd drwy'r oedfa ac fe'i cyflwynwyd
i'r gwaith cenhadol. Ymatebodd yn gadarnhaol i'r alwad
a datgan ei bod yn credu bod Duw wedi ei harwain yn
ei phenderfyniad, a daeth yr oedfa i ben. Gofynnwyd i
Susanna Rankin yn ddiweddarach yn y dydd i ddod â'i
thystysgrif ordeinio at y Parchg J. H. Richards er mwyn ei
harwyddo. Ymatebodd drwy ddweud nad cael ei hordeinio
a wnaeth ond yn hytrach ei chomisiynu. Ond dyma'r
gweinidog yn dangos darn o bapur iddi wedi ei arwyddo
gan y gweinidogion fu'n cymryd rhan yn yr oedfa, ac yna
daeth ei eiriau, 'Mae'n rhy hwyr nawr.' Fe'i hordeiniwyd yn
ddiarwybod iddi!

Mynychodd ambell wraig arall golegau diwinyddol
'nôl yn yr un cyfnod ond bod eu llwybrau, o bosib, wedi
eu harwain i gyfeiriadau eraill. Daw i gof unigolion fel y
Parchg Mair Griffiths a ordeiniwyd dan yr un drefn. Aeth
hithau yn genhades i Fadagascar yn 1946 a chyflawni
cyfnod o wasnaeth ffyddlon iawn yno fel athrawes a
phrifathrawes, ond lleygwraig fu hi yn ystod blynyddoedd
ei gwasanaeth yno. Ni chafodd ei hordeinio tan y flwyddyn
1976 er iddi ddychwelyd i Gymru yn 1967, a derbyn
galwad i fugeilio eglwys Mynydd Seion, Casnewydd. Y
Parchg Llunos Gordon a ordeiniwyd yn 1978 yng Nghapel
Glynarthen yng Ngheredigion, oedd y gyntaf ohonom
ni'r genhedlaeth newydd i fentro i'r weinidogaeth. Bu'n
rhaid aros tan y flwyddyn 1984 cyn gweld ordeinio'r fenyw
gyntaf yn ôl trefn adran Gymraeg Eglwys Bresbyteraidd
Cymru, a hynny ym mherson y Parchg Lona Roberts a

ordeiniwyd i waith dan nawdd Bwrdd y Genhadaeth yn ardal y Rhondda.

Ordeiniwyd a sefydlwyd y Parchg Annie Lodwig i gymryd gofal eglwys y Bedyddwyr Pisga, Cresswell Quay yn sir Benfro, rhwng 1923 ac 1930, a'r Parchg Rosina Davies yng Nghwm-parc, Treorci, yn 1926. Pan fu farw ei phriod, mynnodd Rosina osod ei henw hithau hefyd ar y garreg fedd o dan enw ei gŵr, ynghyd â blwyddyn ei geni, gan adael gwagle wedi'r '19 . . .' ar gyfer blwyddyn ei marwolaeth, a hynny er mwyn gwneud yn siŵr y byddai'r teitl Parchg yn cael ei osod o flaen ei henw ar y garreg! Cawn y teimlad nad oedd yn gwbwl hapus i ymddiried y dasg hon i un arall ar ôl ei dyddiau, rhag ofn na roddid iddi ei theitl llawn.

Ble bu'r menywod ar hyd y blynyddoedd, ddwedwch chi? Dim ond llond dwrn wedi eu hordeinio yn hanes un drefn eglwysig mewn hanner cant o flynyddoedd yng nghanol yr ugeinfed ganrif, ac un o'r rheini wedi ei hordeinio heb yn wybod iddi! Ordeiniwyd llond dwrn ohonom ers hynny, yn sicr nid fel un don ar gefnfor hanes, ond yn hytrach yn debycach i ddiferion hwnt ac yma, yn cael ein galw fesul un neu ddwy a'n cario'n freintiedig iawn ein byd gan gerrynt y weinidogaeth.

Hyd yn oed heddiw, yn ôl yr ystadegau diweddaraf, o'r braidd rydym ni ferched sydd â gofal eglwysi Cymraeg eu hiaith yn cyrraedd ffigurau dwbl! Gall yr Eglwys yng Nghymru ymffrostio bod ganddi erbyn hyn nifer o fenywod sydd wedi ymateb i'r alwad i'r offeiriadaeth. Gwir dweud nad felly mae yn yr enwadau Anghydffurfiol Cymraeg yng Nghymru.

Tybed a yw'r ffaith fod merched wedi gorfod ymgyrchu a brwydro i gael eu hordeinio o fewn yr Eglwys yng Nghymru a Lloegr wedi arwain at fwy ohonynt yn ildio i'r alwad? Wedi'r cwbwl, onid yw'n wir dweud y rhoddir gwerth arbennig ar rywbeth y mae'n rhaid brwydro drosto?

Wedi dweud hynny, teimlaf fod elfen o ddryswch ac anwybodaeth yn dal i fodoli ymhlith ein pobol ar y mater hwn. Aed i gredu, oherwydd trafodaethau o fewn un drefn eglwysig, fod trafodaethau a phenderfyniadau tebyg wedi eu gwneud mewn cylchoedd eraill hefyd. Dechreua ambell un ofyn pob math o gwestiynau, er enghraifft 'pryd' y caniatawyd hyn yn ein henwad ni, ac 'a oes hawl ordeinio'?

Tybed a wnaed digon gan yr enwadau Anghydffurfiol dros flynyddoedd eu hanes i hysbysu'r ffaith eu bod yn croesawu merched i'r weinidogaeth a'u hannog i fentro?

Mae'r cwestiwn yn aros felly, 'Ble mae'r gwragedd?'

Y cyhoeddiadau

Ymhlith y pethau sydd wedi peri rhyfeddod i mi erioed mewn oedfa yw'r cyhoeddiadau. Gadewch i mi esbonio'n sydyn mai'r hyn a elwir yn 'gyhoeddiadau' yw'r slot sy'n torri'n llwyr ar draws llif yr oedfa er mwyn cyhoeddi trefniadau digwyddiadau'r wythnos ganlynol. Maent i'w clywed ym mhob oedfa. Diolch fod 'na ddigwyddiadau i'w cyhoeddi! Ond mae'r profiad o eistedd mewn pulpud wrth ymweld ag ambell gapel ar y Sul a gwrando ar yr hyn a gyhoeddir yn ddigon o addysg ynddi'i hunan ar adegau.

Gwêl ambell gyhoeddwr, neu gyhoeddwraig, ei gyfle i addysgu'r gynulleidfa am eu cyfrifoldebau ariannol tuag at yr Achos wrth i'w eiriau a'i frawddegau godi hwyl, a stêm, cyn cyhoeddi'r casgliad. Teimla ambell gyhoeddwr yr awydd i ddechrau cynnal deialog â'r gynulleidfa rhag ei chadw yn ôl ar ddiwedd yr oedfa – gan fod y cig yn y ffwrn – ac fe â'r drafodaeth am sawl torth fydd ei hangen i wneud brechdanau ar gyfer rhyw ddigwyddiad, ac am bris y trip y mis canlynol ymlaen yn hwylus rhwng y weddi a'r emyn dilynol, tra bydd y pregethwr yn eistedd yn y pulpud fel petai'n anweledig. Erbyn y daw'n amser cychwyn pregethu, mae'r gynulleidfa wedi hen anghofio o ble daeth y darlleniad, a phris y bws yn dal yn flaenaf ar eu meddyliau! Teg nodi nad yw hyn yn wir am bob man, wrth reswm. Mae'n syndod sut mae'r math o beth a gyhoeddir wedi newid gyda threigl y blynyddoedd, ac wedi cymryd lle'r cyhoeddiadau fyddai'n sôn am gwrdd gweddi a seiat. Clywais droeon y cyhoeddwr neu'r gyhoeddwraig yn dweud nad yw'n ddymuniad ganddo ef neu ganddi hi dorri ar draws yr 'awyrgylch addolgar a grëwyd yn ystod darlleniad y Gair a'r weddi ddwys,' ond wrth gwt y geiriau hynny clywn fod bore coffi a *Bring and Buy*, noson gwis, a thrip y pensiynwyr ddydd Sadwrn nesaf am godi'r sawl sydd am fynd o'r tu allan i'r Lamb & Flag! Serch hynny, mae'r cyhoeddiadau'n dangos bod yr eglwys yn rhan o'r gymuned ac nid yn glwb ecsgliwsif ar wahân.

Teimlaf weithiau fod 'na ambell gyhoeddiad yr hoffwn ei gladdu'n llwyr ond na fu gen i'r hyder, hyd yn hyn, i ddweud hynny wrth y cyhoeddwyr, oherwydd gwn nad oes awgrym o fychanu yn agos at eu geiriau, ond yn hytrach eu bod wedi mynd i'r arfer o ddweud ambell beth heb sylweddoli'n iawn beth maen' nhw'n ddweud. Clywais unigolion droeon yn diolch i bregethwr am ddod i 'lanw'r pulpud'. Mae cadair yn ddigon abl i lanw pulpud. Nid gwaith pregethwr yw llanw pulpud ond pregethu Gair Duw. A beth am y cyfarchiad sy'n diolch i'r pregethwr am ddod i gynorthwyo'r gynulleidfa i 'gadw'r drws ar agor'? Mae *door stop* yn gallu gwneud hynny! Profiad hynod o ddiddorol hefyd yw clywed y cyhoeddiad y bydd yr 'oedfa y Sul nesaf fel arfer'. Wyddoch chi beth yw oedfa *fel arfer*? Na, na minnau chwaith!

Cofiaf fynd i bregethu un nos Sul pan oeddwn i'n fyfyriwr diwinyddol. Os nad oes gan rai fawr o amynedd at fenywod yn y weinidogaeth, fe allaf eich sicrhau nad yw pawb, yn fy mhrofiad i, yn cymryd myfyrwyr yn y pulpud o ddifri chwaith, er eu bod yn fyfyrwyr diwinyddol a'u bryd ar y weinidogaeth. Ar ddiwedd yr oedfa y gosodwyd y ddefod a elwir yn 'gyhoeddi' yn yr eglwys arbennig hon. Roeddwn wedi llwyr ymlâdd gan na fu 'na doriad rhwng yr emyn cyntaf a'r olaf! I'r sawl ohonom sy'n mynnu sefyll i ymuno â'r gynulleidfa i ganu'r emynau, rydym yn gallu bod ar ein traed am awr gyfan os yw'r cyhoeddiadau ar y diwedd. Gall hyn beri gofid i ni ferched yn ein sodlau. Fe wn i am un neu ddwy, neu ddau, sy'n tynnu eu sgidie yn y pulpud cyn pregethu rhag i'w traed ddechrau brifo.

Cododd y gŵr parchus ar ei draed o'i le anrhydeddus yng nghornel y sedd fawr lle bu'n myfyrio am yr awr ddiwethaf. Wedi cyflwyno'r cyhoeddiadau am yr wythnos, a threfniadau'r Sul canlynol, trodd ei gorff i'm hwynebu er mwyn fy nghyflwyno a'm cyfarch ac i ddiolch imi am

yr oedfa. Gyda geiriau dethol, diolchodd yn ofalus am
y bregeth gan ddyfynnu ambell air ohoni. Dechreuais
chwysu mewn embaras a theimlais rannau o'r croen ar fy
ngwddf yn cynhesu gan wybod, ymhen dim, y byddai'r
gwres yn esgor ar glystyrau o batshys bach coch hwnt ac
yma ar fy wyneb fel byddin, nes i'r cyfan droi'n weriniaeth
a meddiannu fy nghroen yn llwyr mewn banllef o wrid!
Syllai'r gŵr parchus arnaf gan ddal ati i ddyfynnu, nes
iddo droi yn ôl i wynebu'r gynulleidfa a chodi ei fraich
gan bwyntio'i fys tuag ataf a chyhoeddi, 'Ie, diolch i'r ferch
ifanc am ei phregeth; rydym wedi clywed llawer llawer
gwaeth.' Cwympodd fy nhymheredd yn go sydyn wedyn.

Gellir synhwyro yn llais rhai cyhoeddwyr ofid a
chonsýrn am y sefyllfa grefyddol yng Nghymru, a daw'r
rhwystredigaeth i'r amlwg wrth i'r cyhoeddiadau droi'n
gerydd i'r rheini sydd â'u henwau ar lyfrau'r eglwys ond
nad oes neb wedi eu gweld yn yr oedfa ers llawer dydd.
Gall hyn fod yn duedd ynom ni bregethwyr hefyd,
cofiwch. Yr unig broblem yw ein bod yn ceryddu'r rhai
sy'n absennol drwy ddweud y drefn o flaen y rhai sydd yn
bresennol!

Y cyhoeddwr neu'r gyhoeddwraig sydd yn aml iawn yn
ysgwyddo'r cyfrifoldeb arswydus o fod yn ysgrifennydd yr
eglwys, neu yn ysgrifennydd y cyhoeddiadau, sy'n golygu
mai nhw sy'n gorfod dod o hyd i bregethwyr i arwain
yr oedfa ar y Sul; tasg sydd ymhell o fod yn hawdd yn y
cyfnod hwn. Rwy'n llawn edmygedd ohonynt. Mae'n siŵr
gen i fod fy nghyd-weinidogion fel finnau'n teimlo i'r byw
nad yw bob amser yn ymarferol bosib i ni gynorthwyo
hanner yr ysgrifenyddion eglwysig a ddaw ar ein holau i

gynnig cyhoeddiad pregethu. Wrth chwilio am eiriau o ymddiheuriad am fethu â chynorthwyo unwaith yn rhagor, meddyliaf yn aml, wrth osod y ffôn yn ôl yn ei grud wedi'r sgwrs, pa mor ddiwyd a chydwybodol mae'r unigolion hyn wrth fynd ynghyd â'u gwaith.

Does dim syndod felly na all ambell gyhoeddwr ymatal rhag datgan ei gonsýrn yn gyhoeddus! Ni fûm erioed yn hyddysg iawn mewn idiomau Saesneg, ond cefais fy nhaflu i ddryswch llwyr ar ddiwedd un oedfa. Wn ni ddim beth ddwedais i yn y bregeth, ond fe gododd y cyhoeddwr ar ei draed wedi ei gynhyrfu'n llwyr. Gyda geiriau o ddiolch, diweddodd ei anerchiad gan fy sicrhau, 'Fe fydd eich geiriau fel dŵr ar gefn hwyaden, mewn trwy un glust a mas drwy'r llall.' Rwy'n credu mai *mixed metaphors* yw'r term am hynny.

Ydyn, mae'r cyhoeddiadau'n amrywio o fan i fan, ac eithro un cyhoeddiad oesol, sef, 'A wnaiff y gwragedd aros ar ôl?' Dyma gyhoeddiad arall y byddwn yn hapus iawn i'w gladdu! Ar hyd y cenedlaethau cafodd y gwragedd eu gwahodd i 'aros ar ôl' wedi'r oedfa, a hynny, gan amlaf, er mwyn gwneud trefniadau'r bwyd. Ble mae'r gwragedd? Yn y festri, gyda'r llestri?

Yn yr oes soffistigedig a modern hon, lle gwelir dynion a merched yn cydysgwyddo cyfrifoldebau amrywiol yn y cartref, gan gynnwys y gegin a chyda'r teulu, tybed faint o wŷr sy'n cael eu gweld yng ngheginau festrïoedd ein gwlad yn gwneud eu rhan? Tybed a yw llestri gwynion y festri, gyda'u sglein bnawn Sul, a delwedd ac enw'r capel wedi eu selio ar bob plât, cwpan a soser, yn rhy fregus ar gyfer dwylo cryfion y dynion? Chi'n gwybod . . . y llestri nad yw'n syniad da eu golchi mewn dŵr *rhy* boeth rhag ofn i'r ymyl aur golli'i liw, na chwaith mewn dŵr rhy glaear rhag ofn na fydd staen lipstic Mrs Hon-a-hon na dail te rhydd Mrs Fel-ar-fel yn cael eu golchi ymaith yn llwyr. Oherwydd pechod fyddai dod allan â'r llestri ar yr achlysur llestri gorau nesa a gweld staen hyll arnynt, a bwrw eu bod wedi cael eu gosod 'nôl ar y silff iawn yn y cwpwrdd cywir!

Tybed faint o wŷr sy'n paratoi'r bwrdd cymun ac yn trefnu blodau'r Sul? Gofynnaf hyn a'm tafod yn fy moch oherwydd gwn nad yw hyn yn wir ym mhobman o bell ffordd, a nifer o ddynion yn ddigon parod i gynorthwyo gyda'r llestri yn y festri. Ond sawl gwaith y dywedwyd wrth y cyfryw rai yn chwerthinllyd eu bod wedi eu hyfforddi'n dda gartref gan eu gwragedd? Druan ohonynt! Dynion yn y gegin? Da iawn chi, bois! Ond, tybed faint o wragedd sy'n cael eu gwahodd i baentio reilins y capel neu chwynnu'r fynwent? Pawb â'i jobyn yw hi.

Lluniwyd y gerdd gellweirus hon gan Y Parchg John Gwilym Jones i ategu'r croeso i'm hail ofalaeth o eglwysi yn nhref hynafol Caerfyrddin, dafliad carreg o safle'r hen Briordy, ac yn ardal Bancyfelin yn ogystal. Do, daeth yn dro i aelodau hynaws a chroesawgar y clwstwr eglwysi hyn yn Sir Gâr, fel yn y Barri wyth mlynedd ynghynt, dorri cwys newydd wrth brofi, am y tro cyntaf yn eu hanes hir, weinidogaeth menyw. Lwc owt!

> Ganrifoedd yn ôl yn Nhŷ'r Prior
> mynachod bach llwydaidd eu llun
> a dreuliai bob dydd yn gweddïo,
> a hwythau yn ddynion bob un.

Daeth yma offeiriaid Pabyddol,
  ond dynion bob un oeddynt hwy;
a dyn a ddôi yma yn ficer
  bob tro i hen Eglwys y Plwy.

Yn sydyn fe wawriodd oes newydd,
  fe ddaeth Annibynwyr i'r fro,
ond pan aent i alw gweinidog
  hen ddynion oedd rheini bob tro.

Dyna boring oedd gwneud diaconiaid:
  dim ond Rhian a faeddodd y drefn;
sêt fawr wedi'i phacio â gwrwod
  a menwod yn nes i'r sêt gefn.

Fel yna y bu hi'n Priordy
  drwy gyfnod fu'n feichus o faith:
y dynion o hyd yn yr amlwg
  a'r menwod o hyd wrth y gwaith.

Ond yr unfed ganrif ar hugain
  o'r diwedd unionodd y cam,
a'r un fydd yn awr yn y pulpud?
  Beti-Wyn, sydd yn ferch ac yn fam!

A gobeithio'r wyf i bydd y dynion
  byth bellach yn gwybod eu lle,
ac y byddan nhw lawr yn y festri
  gyda'r llestri yn paratoi te!

Nid dyma'r unig gerdd sy'n cysylltu gwragedd â'r llestri
yn y festri. Cofiwn i'r bardd Menna Elfyn, sydd hefyd yn

ferch i weinidog, lunio cerdd yn ystod yr 80au ac iddi'r un pennawd, 'Wnaiff y gwragedd aros ar ôl?' cerdd y cefais ganiatâd i'w chynnwys ar ddechrau'r gyfrol hon. Mae'r gerdd bwysig honno yn feirniadaeth gellweirus o'r modd y mynnwyd mai'r gwragedd yng nghynulleidfaoedd Cymru ar hyd y blynyddoedd sydd i weini te. Anoga'r gwragedd trwy gyfrwng ei geiriau i siantio'u hanthem eu hunain. Mae Menna'n cofio iddi awgrymu wrth wraig yn ei hoed a'i hamser yn yr wythdegau cynnar y byddai'n ei henwebu ar gyfer swydd diacon yn ei chapel. A dyna sioc a gafodd y bardd pan ddywedwyd wrthi nad oedd am iddi wneud gan ei bod yn credu bod gan ddynion fwy o 'urddas' na menywod! Er ei bod wedi llunio'r gerdd 'nôl yn wythdegau'r ganrif ddiwethaf (meddyliwch!), mae'n cyfaddef erbyn heddiw na fyddai geiriau felly yn cael eu hyngan heb godi gwên neu heb ymddiheuriad o enau'r sawl sy'n eu llefaru. Petai Crist yn dod 'nôl heddiw, fe fyddai'n siŵr o wneud ei de ei hun!

Byddai'n dda iawn gen i ddeall nad yw'r fath orchymyn yn bod, ond ysywaeth, clywaf byth a hefyd y cais oesol am gymorth y gwragedd i weini gyda'r llestri yn y festri. Ni welaf wên ac ni chlywaf ymddiheuriad am wneud, chwaith. Mae'r cwestiwn yn aros eto. Ble mae'r gwragedd?

Yr hen ffordd Gymreig o fyw

Tybed a yw'n wir dweud bod yr hen ffordd Gymreig o fyw a meddwl yn dal ei gafael yn dynn iawn mewn ambell gylch bywyd heddiw, ac yn eu plith, y cylch crefyddol. Ymddiriedwyd i ddynion erioed swyddi ac iddynt gyfrifoldebau, ond erbyn heddiw gellir dweud yn llawen fod llawer mwy o fenywod yn gyffredinol yn ddiaconiaid ac yn flaenoriaid nag a fu, a chanran uchel ohonynt yn dal swyddi cyfrifol ym mywyd ein heglwysi hefyd. Ni ddigwyddodd hyn dros nos. Bu'n broses hir. Ond diolch amdanynt. Wedi'r cwbwl, onid yw hi'n wir bod canran uwch o lawer o gynulleidfaoedd ein heglwysi lleol yn fenywod? Ni allaf beidio â meddwl ambell waith a yw'n heglwysi'n ethol menywod i swyddi nid oherwydd eu gallu ond yn unig oherwydd bod 'na brinder dynion?

Mynn rhai ddweud bod y gwahaniaethau corfforol ac emosiynol amlwg rhwng dynion a menywod wedi arwain menywod o rai cefndiroedd diwylliannol i feddwl nad ydynt gystal â dynion, nac ychwaith mor alluog. Awgryma hyn fod merched, ym mhob cylch o fywyd, wedi gorfod brwydro yn y gorffennol i dorri mewn i fyd y dynion.

Y mae eithriadau. Mae'n deg dweud bod menywod wedi eu cynrychioli'n gyson yn Senedd Lloegr ers i'r Iarlles Constance Markievicz gael ei hethol i Dŷ'r Cyffredin yn 1918. Roedd hi'n wleidydd dros blaid Sinn Féin yn Iwerddon ac ni chymerodd ei sedd yn Nhŷ'r Cyffredin, fel protest yn erbyn polisi Prydain yn Iwerddon. Y fenyw gyntaf i gael ei hethol a chymryd ei sedd oedd is-Iarlles Nancy Astor yn 1919, ac nac anghofiwn am gyfraniad Megan Lloyd George, yr Aelod Seneddol benywaidd cyntaf i gynrychioli etholaeth o Gymru, ac un a fu'n ymgyrchu'n frwd ym mhedwardegau a phumdegau'r ganrif ddiwethaf o blaid cael Cynulliad i Gymru a thros greu a sefydlu Ysgrifennydd Gwladol i Gymru. Fe'i hetholwyd i'r Senedd a hithau ond yn saith ar hugain oed. Er bod ei henw'n ddigon cyfarwydd yn y llyfrau hanes, eto efallai na chafodd y sylw mae'n ei haeddu oherwydd ei henw, Lloyd George, ac awelon dylanwad ei thad yn dal i chwythu ar hyd erwau'r wlad.

Ar lefel fyd-eang, cofiwn mai Marie Curie oedd y fenyw gyntaf i ennill y Wobr Nobel am ei champau ym myd cemeg a ffiseg; ac mai hi a'r Fam Teresa – a enillodd y Wobr Nobel am Heddwch – oedd ymhlith y rhestr brin o ferched sydd wedi eu hanrhydeddu â'r wobr.

O feddwl am Gymru, mae dylanwad beirdd a llenorion benywaidd ar ddiwylliant ein cenedl wedi bod yn drwm. Byddai caniadaeth y cysegr yn dlotach o lawer heddiw heb eiriau Ann Griffiths, Dolwar-fach, a'n llenyddiaeth yn llwm pe baem wedi ein hamddifadu o weithiau 'Brenhines ein llên', Kate Roberts.

Gellir mynd 'nôl i'r bedwaredd ganrif ar bymtheg a chydnabod gwaith menywod tebyg i Augusta Ball, Arglwyddes Llanofer, nid yn unig am ddiogelu gwisg draddodiadol Gymreig ein cenedl, ond hefyd am fod yn rhannol gyfrifol am sefydlu'r cyfnodolyn cyntaf i fenywod yn yr iaith Gymraeg, sef *Y Gymraes*. Gwelwyd, ac fe welir o hyd heddiw, fenywod eraill yn fawr eu cyfraniad yn y maes hwn.

Ond mae'r menywod a gipiodd brif wobrau llenyddol yr Eisteddfod Genedlaethol yn llai niferus o lawer o gymharu â llwyddiant y dynion. Yn wir, dau brifardd cadeiriol benywaidd yn unig sydd gennym hyd yn hyn! Serch hynny, testun llawenydd yw gweld am y tro cyntaf ethol menyw yn Archdderwydd. Ni allwn fesur yn llawn ddylanwad gwaith beirdd, llenorion a cherddorion benywaidd ar ddiwyllant ein cenedl, ond gellir dweud yn hawdd eu bod yn y lleiafrif. Ni allaf dderbyn nad oes mwy o lawer o ferched wedi eu magu yng Nghymru y'u doniwyd hwy â thalentau arbennig. Yr unig reswm y medraf feddwl amdano pam nad oes mwy o fenywod wedi dod i amlygrwydd yn eu priod feysydd yw nad oedd amgylchiadau eu cyfnod, am ba reswm bynnag, wedi caniatáu iddynt ddatblygu eu doniau cynhenid.

Serch hynny, gwelwyd doniau menywod yn dod yn fwyfwy i'r amlwg ar ddiwedd y ganrif ddiwethaf a dechrau'r unfed ganrif ar hugain. Teg dweud yr effeithiwyd ar fywyd Cymru'n fawr gan ddau ryfel byd yn ystod yr ugeinfed ganrif, a'r frath honno'n sicr wedi atal nifer fawr o bobol ifanc y cyfnod rhag dilyn proffesiynau a pharhau â'u haddysg. Gwyddom hefyd fod erchyllterau rhyfel wedi peri i deuluoedd gael eu chwalu, a bywydau miloedd o bobol ifanc wedi eu torri'n ddychrynllyd o fyr. Bu'r wlad a'i phobol wrthi am flynyddoedd yn ceisio ailadeiladu'u bywydau wedi diwedd yr Ail Ryfel Byd, ac yn ceisio lliniaru'r boen a'r golled a brofwyd. Mae synnwyr cyffredin yn dweud wrthym fod hyn oll wedi effeithio'n fawr ar ddyfodol nifer helaeth o ieuenctid.

I'r teulu traddodiadol Gymreig, cymerwyd yn ganiataol mai'r gwŷr oedd i ymgymryd â'r swyddi ac iddynt gyfrifoldebau. Nhw hefyd, yn ôl yr hen ffordd, fyddai'n mynd mas i weithio er mwyn ennill y bara menyn tra oedd y wraig a'r fam gartref yn magu'r plant, ac yn gofalu am y cartref. Gwelwyd cyfrifoldeb yn disgyn ar chwiorydd hyna'r teulu hefyd i warchod a hyd yn oed i fagu brodyr iau mewn rhai amgylchiadau arbennig.

Byddai chwiorydd eraill wedi aros gartref gyda'r teulu
er mwyn gwneud y ffordd yn glir i'r meibion fynd mas
i weithio, ac o bosib i ymestyn eu haddysg. Clywais fwy
nag unwaith am fenywod yn sôn y byddai eu gyrfa wedi
dilyn trywydd tra gwahanol pe baent wedi'u geni heddiw,
ac nid yng nghanol y ganrif ddiwethaf. Ond ni chlywais
erioed yr un fenyw'n cwyno na chafodd gyfle i ddatblygu
gyrfa, ond yn hytrach fe dderbyniodd ei rôl oddi mewn
i'w theulu yn dawel ac edrych ar y rôl honno fel braint
o gael cynorthwyo yn ôl y galw. Ond gyda threigl y
blynyddoedd, a phan mae amgylchiadau yn caniatáu, a
ydy hi'n iawn i feddwl bod merched wedi gorfod brwydro
braidd i dorri mewn i fyd dynion? A ydy hi'n saff erbyn
heddiw i mi ddweud eu bod nhw wedi llwyddo i wneud
hynny?

Llawenhawn ym mhresenoldeb menywod yn y Senedd
ym Mae Caerdydd heddiw, a'u cyfraniad allweddol i
wleidyddiaeth ein cenedl, a gwyddom oll am gyfraniadau
gwerthfawr merched i fyd addysg gynradd ac uwchradd
ein gwlad, yn eu plith Elizabeth Andrews o Hirwaun,
Cwm Cynon, fu'n weithgar gyda'r Blaid Lafur, ac a
agorodd yr ysgol feithrin gyntaf yng Nghwm Rhondda,
yn ogystal â pherswadio perchnogion y pyllau glo i gael
baddonau pen pwll, er mwyn arbed y gwragedd rhag
treulio oriau'n berwi dŵr er mwyn llenwi'r twba tun o
flaen y tân i'w gwŷr gael ymolchi. Erbyn heddiw mae
merched yn dal cadeiriau mewn prifysgolion.

Byddai'r byd meddygol yn llwm iawn heb gyfraniad
menywod. Do, daethom yn bell ers dyddiau Betsi
Cadwaladr, y nyrs ddewr o'r Bala a deithiodd i'r Crimea i

ofalu am filwyr ar faes y gad. Diolch bod 'na fwrdd iechyd wedi'i enwi ar ei hôl er mwyn cadw'r cof amdani'n fyw.

Felly hefyd ym myd busnes. Testun llawenydd yw gweld menywod yn cael eu hanrhydeddu'n flynyddol am eu cyfraniad ym maes busnes a masnach, a diolch yn ogystal fod cyfraniad menywod i fyd amaeth bellach yn cael ei gydnabod.

Ond beth am y weinidogaeth Gristnogol? A yw'n wir dweud bod presenoldeb merched oddi mewn i'r weinidogaeth yr un mor amlwg â chylchoedd eraill? Bu mudiadau chwiorydd yn weithgar iawn oddi mewn i'n henwadau, yn codi proffeil y ferch ac yn rhoi llais i fenywod ym mywyd yr eglwys. Eto i gyd, ni ellir gwadu nad yw'r weinidogaeth, hyd yn oed yn y traddodiadau eglwysig Anghydffurfiol, lle croesewir ordeinio menywod, wedi bod yn *male dominated*! Nid trwy fwriad, efallai, ond drwy broses naturiol. Trwy ffordd o fyw. Golyga hynny, yn fy mhrofiad personol i, nad penderfyniad hawdd oedd ildio i rym galwad.

4

Codi testun

*M*is Gorffennaf oedd hi, a'm pregeth gyntaf yn barod. Dyna fistêc cyn dechrau! Dyw pregeth *byth* yn barod! Mae modd gwella arni bob tro. Ond pa ddisgwyl i berson ifanc pedair ar bymtheg oed wybod hynny? Roedd y bregeth mor barod â phosib yn fy nhyb i, ac wedi bod yn coginio'n ara bach ym mhopty'r meddwl ers misoedd nes iddi gyrraedd pwynt berwi! Gobeithio'n wir na ferwodd yn sych.

Nid lle dierth i mi oedd pulpud capel Hebron, Clydach. Bûm yn gyfarwydd iawn â dringo'i risiau i gyfrannu at addoliad y Sul yn ôl fy ngallu er pan oeddwn yn blentyn ifanc iawn ar wahoddiad ein gweinidog, Gareth Thomas. Bu gen i bresenoldeb cyson yno dros y blynyddoedd; o ddweud adnod – a'i hanghofio yn amlach na'i dweud – ledio emyn, darllen o'r Gair ac arwain mewn gweddi ddigon bratiog, ymuno mewn parti cydadrodd neu ganu, i faglu dros y gwisgoedd smala a roddwyd at ei gilydd ar gyfer y ddrama Nadolig.

Datgorfforwyd Hebron yn y flwyddyn 2008, a hynny nid am y rhesymau arferol y datgorfforir eglwysi heddiw, sef diffyg aelodau ac addolwyr. I'r gwrthwyneb, fe'i datgorfforwyd yn un o dri achos a ddatgorfforwyd o fewn yr un mis yn yr un pentref er mwyn corffori un eglwys

unedig newydd. Corfforwyd Capel y Nant ar fore Sul y
Pasg 2008. Mae hyn yn nodweddiadol o frwdfrydedd
a gweledigaeth yr aelodau yno. Mewn oes lle mai'r
flaenoriaeth yw cynnal a chadw addoldai, a hynny yn aml
ar draul gweinidogaeth yr eglwys, rwy'n llawn edmygedd
eu bod wedi gweld yn dda i roi heibio'u hadeilad er mwyn
uno a chryfhau'r dystiolaeth Gristnogol yn y pentref.
Wedi dweud hynny, cyfaddefaf yn gwbwl onest na ddaeth
gweddïo yn yr oedfa ddatgorffori yn hawdd imi. Pam?
Wedi'r cwbwl, nid achlysur trist oedd cau oherwydd roedd
pennod newydd ar fin agor. Wrth ddiolch am dystiolaeth
y gorffennol, gwyddwn yn dda fod mwy i ddod eto yn y
dyfodol. Nid y brics a'r llechi a'r pren sy'n bwysig, fel y
dywedais eisoes, ond ni ellir gwadu bod yr atgofion sydd
ynghlwm wrthynt yn tynnu ar dannau'r galon. Ond y peth
da ynglŷn â'r ddawn ryfeddol hon sydd gennym o fedru
galw i gof brofiadau'r gorffennol, yw ein bod yn medru eu
cario gyda ni i bob man ac nid eu caethiwo i un adeilad.

Bu'r eglwys lawen hon, bwrlwm yr ifanc, ynghyd â
chwmni'r gymdeithas glòs a chynnes, yn bendant yn
gyfrwng i fagu ynddo i ddiddordeb mawr yn y gwaith. Nid
oes amheuaeth chwaith y bu dylanwad gweinidogion yr
eglwys yn fawr arnaf, megis y Parchg Ddr E. Stanley John,
er nad oeddwn yn ddigon hen ar y pryd i werthfawrogi ei
weinidogaeth yn iawn nes imi gael ail gyfle flynyddoedd
yn ddiweddarach i fod o dan ei arweiniad yn y coleg. Ef
a'm bedyddiodd ac ef a weddïodd weddi'r urddo yn fy
nghwrdd ordeinio hefyd.

Cafwyd yn y diweddar Barchg Gareth Thomas
arweinydd cadarn a ffrind triw i bawb, yn arbennig i'r

ifanc. Synnwyd un person yn ddiweddar o'm gweld i'n cico pêl ar y 'green' gyda rhai o blant yr Ysgol Sul. Profiad newydd iddo, mae'n amlwg oedd gweld gweindiog yn gwneud hynny! Wel, gwelodd Gareth Thomas yn dda i gico pêl gyda ni ddeugain mlynedd a mwy yn ôl, a tharo pêl griced, heb sôn am chwarae 'touch' ym maes parcio'r ysbyty a chynnal 'sleepover' flynyddoedd cyn bod yr arfer hynny wedi ei boblogeiddio ymhlith ein plant – a threfnu inni ddarllen y Beibl yn ein tro, drwy'r nos!

Trwy ei ddycnwch yn pregethu'r efengyl gymdeithasol, dihunodd ynof innau, fel yng ngweddill cenhedlaeth iau yr eglwys yn Hebron, yn gynnar iawn yn ein bywydau, gyfrifoldeb fel Cristnogion tuag at hybu cyfiawnder yn y byd. Credai Gareth Thomas fod ein cyfrifoldeb tuag at ein cyd-ddyn a'n cymdeithas yn rhan annatod o'n tystiolaeth Gristnogol, ac mai un o dasgau'r eglwys oedd adnabod y tlawd a'r difreintiedig a sefyll ysgwydd yn ysgwydd â nhw. Bu sôn am flynyddoedd lawer am y drafodaeth frwd a ysgogodd yng nghyfarfodydd Undeb yr Annibynwyr Cymraeg yng Nghaerdydd ym mis Mehefin 1984, ynghanol streic y glowyr, pan enillodd gefnogaeth i benderfyniad Achos y Glowyr. Traddododd yr un diwrnod ei bregeth 'Jiwbilî', a'i chloi drwy ein hannog i gerdded i'r yfory yn llawn gobaith gan gofio ein bod, yng ngeiriau Mortimer Arias wedi'n galw,

> to evoke, to provoke, and to try temporary and partial jubilees, 'moments of justice', in the church and in society.

Collwyd Gareth Thomas o'n plith yn rhy gynnar o lawer gan adael ei deulu ifanc, ei gylch eang o gyfeillion a theulu'r eglwys yn hiraethu'n drwm ar ei ôl. Mae'r ffenest goffa a ddadorchuddiwyd iddo yn Hebron – sydd bellach wedi ei hailosod yng Nghapel y Nant – ar thema ei bregeth 'Pregeth y Jiwbilî' o Efengyl Luc 4:18-19, hefyd yn portreadu pregeth ei fywyd cyfan, sef gweithio i sicrhau munudau cyfiawnder yn ein byd.

Bu dylanwad y Parchg Guto Prys ap Gwynfor, a ddaeth atom wrth imi gamu i'r coleg, yn fawr arnaf hefyd. Daeth atom â phrofiad helaeth fel gweinidog eglwys leol ac fel darlithydd. Treuliodd Guto gyfnod o ddwy flynedd hefyd yn cenhadu yng ngwlad Guyana yng nghwmni ei deulu, profiad a'i cyfoethogodd yn fawr ac a ddyfnhaodd ei ddealltwriaeth o'r eglwys fyd-eang. Trwy ei bregethu ysbrydoledig o Sul i Sul rhannodd â ni ei weledigaeth a'i gred bod Cristnogaeth, heddychiaeth a chenedlaetholdeb yn cerdded law yn llaw. Mae ei bregethu grymus yn dal i'm hysbrydoli o hyd.

Talaf deyrnged i'm rhieni hefyd am weld yn dda i'm cyflwyno i'r fath gymdeithas arbennig, ac fe'u hedmygaf hyd heddiw am eu hymrwymiad a'u ffyddlondeb ill dau i Achos Iesu Grist. Gwn ond yn rhy dda y bu eu cefnogaeth i mi, fel y mae i ni fel teulu bach erbyn hyn, yn ddirwgnach a dilychwin.

Swyn y capel

Wn i ddim yn iawn o ble daeth yr awydd i fentro i gyfeiriad y weinidogaeth. Mae'n rhywbeth a dyfodd yn fy nghalon ac na fedrwn ei osgoi. Roedd fy mam-gu yn taeru fy mod yn cerdded mewn i linach o weindogion ymhell yn ôl yn achau'r teulu. Medrai hithau eu henwi, ond ysywaeth, fel nifer o bethau eraill a ddywedwyd gan y genhedlaeth hŷn wrth y rhai iau, ni chymerais hanner digon o sylw, ac erbyn heddiw fe fyddai'r dasg o ddod o hyd i'w henwau yn un hir a maith. Rhyw ddiwrnod efallai. Wedi dweud hynny, bu nifer o weinodogion yn achau teulu Philip, fy ngŵr, a'r rheini yn enwau llawer mwy diweddar a'r cof amdanynt yn fyw hyd heddiw; er enghraifft, y Parchg Charles Jones, Providence, Llangadog a oedd yn briod â chwaer mam-gu Philip.

Mae un o'm hathrawon ysgol gynradd yn mynnu hyd y diwrnod hwn fy mod wedi chwarae capel ar iard yr ysgol ac felly nid oedd yn syndod iddi hi fy mod wedi mynd i'r cyfeiriad hwnnw. Ond dyna ni, rwy'n cofio sleifio mewn i iard y bechgyn a chwarae *astronauts* hefyd, ond chyrhaeddais i 'rioed mo'r lleuad! Er, wedi dweud hynny, cefais fy nghwestiynu unwaith neu ddwy ynglŷn â pha blaned rwy'n byw arni, a hefyd fy nghyhuddo o beidio â chadw fy nhraed ar y ddaear!

Cododd awydd ynof yn ystod blynyddoedd fy arddegau cynnar i ymuno â'r heddlu. Porthwyd y syniad hwn gan nifer o bobol yn dweud y byddwn yn siwtio'r gwaith i'r dim gan fy mod yn dal o ran maintioli. Glywsoch chi erioed y fath beth hurt yn cael ei ddweud? Rwy'n gwbwl sicr bod angen llawer mwy na thaldra i fod yn blismon neu'n blismones. Tybed sut fyddai'r bobol hynny wedi ymateb pe bawn i wedi cyhoeddi'n gynnar iawn yn fy mywyd fod awydd ynof i fod yn weinidog? Da, oherwydd fy mod yn dal? Neu ddrwg, oherwydd fy mod yn ferch? Do, bu'r syniad o ymuno â'r heddlu'n fy nenu am gyfnod hir. Roedd yn ateb slic i'r cwestiwn arferol y mynnwn ofyn i'n plant o dro i dro, 'Beth hoffech chi fod pan fyddwch wedi tyfu?' Roedd gen i hanner breuddwyd ble gwelwn fy hun yn brasgamau ar hyd strydoedd y pentref, a swyddfa gymunedol yr heddlu a'i drws yn lled agored â chroeso. Chi'n gweld? Does ryfedd bod rhai'n gofyn ar ba blaned rwy'n byw. Fe'm hanfonwyd ar wythnos o brofiad gwaith i stesion ganolog yr heddlu yn Abertawe, a diolch am 'ny! Des adref ar ôl y diwrnod cyntaf wedi newid fy meddwl yn llwyr. Druan o ddyfodol y gymuned. Rwy'n amau a fyddai unrhyw un wedi mynd i'r jael pe bawn i'n cerdded y bît! Eto, roedd rhyw awydd cynhenid digon rhyfedd ynof i fod o wasanaeth i bobol yn gynnar iawn yn fy mywyd.

Roedd y capel a bywyd yr eglwys wastad wedi fy swyno. Roedd oedfa, a threfn oedfa wedi ennyn diddordeb ynof er pan oeddwn i'n ifanc iawn. Yr emynau, a nerth yr organ yn coglais pob cornel o'r adeilad. Yr organydd, a'i fysedd a'i draed yn cydweithio, ei ddwy benelin yn cadw'r bît wrth gydsymud yn urddasol fel dwy aden, a'i sgidie 'chwarae organ' yn eistedd yn daclus wrth ymyl yr offeryn rhwng oedfaon yn aros am yr anthem nesaf. Rhifau'r emynau yn gwahodd y canu, a minnau'n ysu am gael gosod fy mysedd busneslyd yn y blwch bach lle cedwid y rhifau i gyd yn eu trefn.

A beth am y darnau bach sgwâr o bren o flaen pob sedd a chylchoedd wedi'u naddu ohonynt, jest y maintioli cywir i ddal cwpan gwin cymun? Y saint, wedi yfed 'o hwn', yn gosod eu gwydrau 'tŷ bach twt' i eistedd yn y tyllau bach a wnaethpwyd ar eu cyfer a'u sŵn yn tincian ar hyd y capel.

Byddai fy arian casgliad yn mynd yn sownd yn y tyllau o bryd i'w gilydd.

Roedd teclynnau crwn ac iddyn nhw ffon hir a gwifren wedi ei phlethu i gynorthwyo'r aelodau a oedd yn drwm eu clyw i glywed y bregeth. Y plant yn eu dal yn gellweirus wrth eu clust ac yn troi pob nobyn yn ddidrugaredd gan esgus eu bod yn eistedd mewn coc-pit Boeing 747!

Lampau fel peli crwn gwyn uwch ein pennau. Pibau'r organ, un, dwy, tair . . . handi iawn i'w cyfri pan fyddai'r bregeth yn mynd yn faith. Llenni bach melfed glas yn crogi'n gefndir trawiadol i'r gwaith haearn cywrain rhwng y pulpud a'r organ. Bysedd pwy, tybed, fu'n eu pwytho'n amyneddgar? A dwylo pwy fu'n taro'r haearn rhwng gwreichion y tân ger y ffwrnes i'w blygu er mwyn addurno'n capel ni?

A phwy fu'n naddu'r enwau ar y meini marmor mawr i goffáu'r rhai fu farw adeg rhyfel. A'r enwau? Meibion i bwy oeddynt? Calonnau pwy a dorrwyd oherwydd y tywallt gwaed? Un, dau, tri . . . wyth. Wyth mam ac wyth tad, wyth teulu, wyth aelwyd. Wyth enw mewn llythrennau du, bras ar farmor gwyn, oer.

Brodwaith enfawr o'r Swper Olaf, pob edefyn wedi ei weu'n berffaith, a Jwdas yn syllu arnom yn ein seddau bob Sul. Pileri cryfion, ac arnynt flodau plastr wedi eu paentio'n ddélicet, yn dal holl bwysau'r llofft. Tybed ai dyma'r 'pileri' welodd Abiah Roderick wrth edrych o amgylch y capel? Y pileri sy'n dal yr 'holl gonsýrn i fyny'.

Byddai'n gweinidog yn cerdded o'r stafell gefn i fyny'r pulpud, a rhes o ddiaconiaid yn nadreddu eu ffordd i'r sedd fawr, pob un yn eistedd yn union 'run lle bob Sul. Pwy, tybed, a ddewisodd pwy fyddai'n eistedd yn y ddwy gornel, a phwy a osododd pwy i eistedd yn eu lle rhyngddynt yn y sedd fawr? Roedd gweld y diaconiaid yn sefyll ac yn troi'n reddfol yn y sedd fawr i ganu emynau yn rhyfeddod i mi hyd yn oed, pob un o siâp a maintioli gwahanol rhai â llond pen o wallt ac eraill yn foel. Ac wrth i'n gweinidog ddod lawr o'r pulpud yn ystod yr oedfa bob Sul i sgwrsio â ni'r plant, fe fyddai gweld y rhes o ddiaconiaid yn symud i wneud lle iddo allu ein gweld ni drwy wahanu yn y canol, fel dwy len yn agor, a sleidio'u pen-olau'n urddasol ar hyd wyneb sgleiniog y sedd fawr, rhai i un ochr a'r gweddill i'r ochr arall, yn fy rhyfeddu. Fe fyddai'r llen diaconiaid yn cau'n dawel ac urddasol unwaith yn rhagor wedi'r gair i'r plant a chyn y cyhoeddiadau.

Na, wn ni ddim o ble daeth yr awydd i fentro i'r byd hwn. Eto, rwy'n gwbwl argyhoeddedig fod gweinidogion yn cael eu 'galw' i'r gwaith, a'r alwad honno yn dod yn ddiamheuol oddi wrth Dduw. Nid pawb ohonom sy'n medru dod o hyd i eiriau i ddisgrifio'r alwad honno, ac nid pawb ohonom sy'n medru rhoi dyddiad nac amser penodol iddi. I mi, galwad yw hi sy'n parhau, a galwad sy'n aeddfedu, yn tyfu ac yn dyfnhau – rwy'n dal i deimlo'r alwad.

Nid oes amheuaeth bod dylanwad pobol trwy gyfrwng geiriau o anogaeth ynghyd â digwyddiadau a phrofiadau, wedi cadarnhau'r alwad. Buan y daeth cyfleoedd i fynychu penwythnosau ac enciliau i bobol ifanc a drefnwyd gan Gymdeithas y Cymod: gwylnos wythnosol yn un o griw ifanc dan olau cannwyll ar Ffordd y Brenin, Abertawe, adeg Rhyfel y Malfinas, pererindodau i Fynydd Epynt,

ac oedfa flynyddol ar safle Capel y Babell ar Fynydd
Epynt, nad oes dim o'r capel ar ôl ond ei seiliau ynghanol
maes tanio enfawr ar dir pori a chymuned ar lannau
afon hardd Cilieni a feddiannwyd yn ddidrugaredd
gan y Weinyddiaeth Amddiffyn i hyfforddi milwyr.
Pererindod Heddwch Cymru/Iwerddon ar Ŵyl San
Padrig yn 1990 pan welwyd Gwyddelod, Albanwyr a ni'r
Cymry yn ymlwybro o Lanbadarn Fawr i Gapel y Morfa,
Aberystwyth, ac yna'n cerdded at gofgolofn y ddau ryfel
byd sydd ar dwyn y castell yn Aberstwyth, yn edrych
dros y môr tuag at Iwerddon. Nid Cristnogion yn unig
sy'n heddychwyr, ond Cristnogaeth yw sail heddychiaeth
i fi. Tyfodd ynof yr argyhoeddiad bod Duw yn cynnig
heddwch i'r byd, ond ar ei delerau ef. Gwyddom yn dda
erbyn hyn fod yr heddwch mae'r byd yn ei gynnig wedi ei
sylfaenu ar ofn a bygythiadau, ac ar frawychu'r gelyn drwy
ei gasáu a'i ladd. Mae hynny'n cynnwys llofruddio'i blant
hefyd, heb hyd yn oed orfod ymbresenoli ar faes y gad
erbyn heddiw, ond drwy ollwng bom wrth wasgu botwm
mewn swyddfa a gadael i *drone* wneud y gwaith. Tyfodd
yr hedyn Cristnogol ynof, sy'n dal i'm hargyhoeddi
heddiw – a'r hedyn bellach wedi tyfu'n goeden – nad
dulliau'r byd hwn yw dulliau Iesu ond yn hytrach ddulliau
Duw, sef gweithio i greu cymdeithas newydd a chariad yn
sail iddi.

Dyfnhawyd gwreiddiau'r alwad trwy gyfrwng cyfleodd
i fynychu Ysgol Haf yr Ysgol Sul yn Aberystwyth, a wnaeth
imi sylweddoli fwyfwy bod modd joio mas draw wrth
ddysgu am Iesu. Llawenydd a hwyl y gymdeithas, cyffro'r
Gair ymhleth â dwyster oedfa a gweddi. Arweiniodd yr

wythnos honno ym mis Awst, a fynychais am nifer o flynyddoedd, at gwrdd â ffrindiau newydd o bob cwr o Gymru, a chyfeillgarwch sydd wedi para hyd heddiw.

Cefais brofiadau pwysig eraill hefyd, megis cynhadledd deuluol yng Ngholeg Selly Oak, Birmingham, a bu'r cwbwl yn gyfrwng i ddyfrhau'r hedyn a chreu blagur bywyd ohono. Bu'r cyfle i gynrychioli menywod Ewrop yng Nghyngor Cymdeithas y Genhadaeth Fyd-Eang (Council for World Mission) yn ninas Seoul, De Corea, ddiwedd yr wythdegau yn un a fydd yn aros yn fy nghof am byth; dyma ddinas a lwyddodd i godi ar ei thraed o fewn un genhedlaeth yn unig o lwch Rhyfel Corea, i fod yn ddinas fodern a soffistigedig. Croesawyd y Gêmau Olympaidd yno flwyddyn cyn ein hymweliad ni. Does ryfedd y disgrifiwyd y Coreaid gan un person fel pobol a chanddynt 'a double barrel dose of discipline and determination'! Bu croeso Eglwys Bresbyteraidd De Corea'n fawr a chynnes gan roi cyfle i gwmnïa â chynrychiolwyr eglwysi o wledydd ar draws y byd, rhai ohonynt nad oeddwn yn hollol siŵr o'u lleoliad daearyddol!

Ynghanol y cyfoeth a'r cynulleidfaoedd niferus a fynychai'r capeli yn ddyddiol, cofiaf hefyd yn arbennig am un ymweliad ag ardal ddifrieintiedig o'r ddinas, ac â meithrinfa a agorwyd ac a ariannwyd gan yr eglwys leol i gynorthwyo a chefnogi teuluoedd oedd â rhieni'n gweithio oriau hir ac anghymdeithasol er mwyn cynnal y teulu. Rwyf wrth fy modd yng nghwmni plant bach, ac roeddwn yn gyffro i gyd o ddysgu fy mod yn un o'r cynadleddwyr a ddewiswyd i ymweld â'r feithrinfa. Dyma gyrraedd, a chael fy arwain i mewn i'r adeilad. Roedd bwrlwm lleisiau'r

plant bach i'w glywed yn y pellter er nad oeddwn yn
deall yr un gair. Cefais fy arwain i mewn i stafell liwgar
a chroesawgar. Yn sydyn, tawelodd y cwmni, tawodd y
bwrlwm, a syllodd ugain a mwy o barau o lygaid crwn du
ifanc arnaf a phob ceg yn agored. Gwenais fy ngwên orau
heb lwyddo i doddi'r syfrdandod ar yr un wyneb. Plygais
a phenglinio yn eu plith. Y peth nesaf a wyddwn oedd
i ddwsenni o fysedd bach chwilfrydig gychwyn plethu
eu hunain drwy fy ngwallt. Daeth i'r amlwg nad oedd y
plant bach erioed wedi gweld rhywun â gwallt coch! Wedi
dod dros y sioc, treuliais bnawn cyfan yn eu cwmni gan
werthfawrogi cenhadaeth yr eglwys leol dros y teuluoedd
hyn yn fawr. Roedd y cyfle i ymweld â'r wlad honno nid
yn unig wedi ychwanegu at fy mhrofiad, ond hefyd wedi
agor ac ehangu fy meddwl i weld ein bod wedi etifeddu tŷ
ar y ddaear hon y mae galw arnom i fyw'n llawen ynddo
fel teulu. Mae llwyddiant a ffyniant y teulu hwn yn cael ei
amodi gan berthynas iach rhwng aelodau â'i gilydd, ac yn
cael ei nodweddu gan ddibyniaeth yr aelodau ar ei gilydd,
cyfrifoldeb yr aelodau am ei gilydd, a chariad yr aelodau at
ei gilydd.

Nid profiad hawdd imi bob amser oedd mynychu
digwyddiadau fel hyn. Ni fûm erioed yn un dda am
gerdded i mewn i sefyllfa ddieithr ar fy mhen fy hun, ac
yn sicr nid fi oedd y person gorau i gynrychioli'r eglwys a'r
Undeb yn y cynadleddau hyn. Efallai na fu fy nghyfraniad
iddynt na'r hyn a ddeilliodd ohonynt o werth mawr i
eraill, ond gwnaeth y profiadau ddaioni i mi'n bersonol
a chadarnhau ynof mai tua'r cyfeiriad hwn y byddai
llwybr fy mywyd yn symud. Pam dweud hyn oll? Wel, i'n

hatgoffa o'r pwysigrwydd o annog ein pobol ifanc i brofi cymaint â phosib o brofiadau amrywiol ym mha feysydd bynnag y mae eu diddordeb. Efallai nad nhw yw'r gorau i'w cynrychioli yn llygaid pawb, ond rhaid ymddiried ynddynt, a'u hannog i fentro, hyd yn oed os bydd y blynyddoedd yn gwibio heibio cyn iddynt werthfawrogi'r profiad, a phrofi ei werth. Wedi'r cyfan, nhw yw oedolion y dyfodol.

5

. . . a 'nôl â ni at godi'r testun . . .

Nid wyf yn cofio chwennych cymryd rhan yn
gyhoeddus mewn unrhyw oedfa erioed. Rhyw
berson ifanc digon dihyder a swil oeddwn i ac fe fu cymryd
rhan yn gyhoeddus yn ofid calon i mi ar adegau. Rwyf wedi
cymryd hyn i ystyriaeth yn ystod fy ngweinidogaeth fy
hun, sef bod pawb yn abl i wneud rhywbeth – er eu bod yn
dadlau'n aml i'r gwrthwyneb – a bod croeso mawr mewn
eglwys i bawb *i* wneud, ond nid pawb sy'n *dymuno* gwneud!

Cydnabyddaf nad wyf yn berson naturiol gyhoeddus.
Mae pob act gyhoeddus yn peri peth gofid i mi. Ni fûm
erioed yn gyfforddus ar lwyfan. Ni fûm chwaith am
flynyddoedd lawer yn medru cyfrannu i drafodaethau
mewn pwyllgorau, ond rwy'n llwyddo i oresgyn yr ofn
hwnnw gyda phrofiad. Mae cadeirio pwyllgorau di-ri wedi
fy ngorfodi i siarad, ac mae'r holl brofiad wedi fy nhynnu
allan o gragen swildod. Diolch fy mod wedi fy mreintio â
synnwyr digrifwch! Achubwyd fy nghroen droeon drwy
chwerthin er mwyn ysgafnhau ambell sefyllfa.

Ond onid yw pregethu'n act gyhoeddus, fe'ch clywaf
yn holi? Ydy, wrth gwrs. Ond wrth bregethu, nid llefaru
geiriau cymeriad mewn drama a wna'r pregethwr, ond yn
hytrach eiriau Duw. Nid yw'r pregethwr yn mynd i'r pulpud
i ddweud *am* Dduw ond fe â yno er mwyn i Dduw gael cyfle

i ddweud amdano'i hun drwy'r pregethwr. Teimlaf wrth bregethu fod y geiriau yn eiriau sy'n gafael ynof, a minnau'n credu'n angerddol yn y geiriau hynny. Cofiaf rywun yn dweud wrthyf rywdro fod yn rhaid i'r bregeth afael yn y pregethwr cyn y gall afael yn y gwrandäwr.

Yn wyneb fy nerfusrwydd a'm gofid am siarad yn gyhoeddus, yr unig esboniad sy gen i yw bod rhywbeth yn dod drosof pan rwy'n pregethu, a bod rhywbeth yn gafael ynof, ac yn fy nghynnal drwy'r bregeth. Nid perfformiad ydy pregeth. Nid llwyfan ydy pulpud, na lle cyfleus chwaith i'r pregethwr aros ynddo er mwyn gwneud dim byd ond traethu am ddigwyddiadau'r dydd. Ac nid llefaru geiriau unrhyw ddramodydd a wna, ond cyhoeddi Gair Duw.

Prin y meddyliais pan oeddwn yn ceisio stryffaglu gyda'r wisg angel, neu'n ceisio cofio'r adnod yr holl flynyddoedd yn ôl, y byddwn yn pregethu'r Gair yn y dyfodol. Byddai clywed llais Gareth Thomas, ein gweinidog, yn sibrwd y geiriau 'good kid' wrth i ni wneud ein gorau i'w blesio ef, ein teuluoedd balch a'r gynulleidfa ddisgwylgar, yn rhoi sicrwydd mawr i ni. Ond ni fyddai ei lais i'w glywed ar fore Sul fy mhregeth gyntaf, a ninnau oll wedi ein hamddifadu o'i gwmni.

Y bore Sul cyntaf hwnnw . . .

Ie, roedd fy mhregeth gyntaf yn 'barod'. Chwilio am gymeradwyaeth fy mam eglwys oeddwn y bore Sul cyntaf hwnnw os cofia i'n iawn, oherwydd dyna, yn ôl yr arfer, yw'r cam cyntaf i'w gymryd er mwyn i rywun gael ei gyflwyno'n ymgeisydd am y weinidogaeth. Erbyn heddiw, mae pregethu gerbron cynulleidfa mor gyfarwydd â chynulleidfa'r eglwys lle cawsoch eich magu yn medru bod yn brofiad digon arswydus. Ond roedd pethau eraill ar fy meddwl y bore cyntaf hwnnw, ac mewn gwirionedd nid oedd y disgwyliadau yn fawr iawn! Fy mhrif ofid oedd gwneud yn siŵr bod yr oedfa yn parhau am awr. Wedi ymdrechu'n galed, offrymais y weddi i gloi wedi 35 munud. Nawr, gellid dadlau nad oes angen bod yn dragwyddol er mwyn bod yn anfarwol. Mae'n sicr nad oeddwn yn dragwyddol y bore hwnnw, ac yn sicrach fyth nid oeddwn yn anfarwol! Bu fy mhregeth y bore Sul cyntaf hwnnw mor fyr fel y byddai bron yn bosib ei 'thrydar', sef ei hanfon fel neges ar Twitter heddiw, a'r holl destun yn cael ei gyfyngu i 140 o nodau cyfrifiadurol (pe bai gen i gyfrifiadur neu *smartphone* ar y pryd). Un o dasgau newydd yr ornest wythnosol boblogaidd ar Radio Cymru, *Talwrn y Beirdd*, yw creu 'trydargerdd', sef cerdd heb fod yn hwy na 140 o nodau cyfrifiadurol. Gosodwyd testun i'r dasg mewn talwrn beth amser yn ôl ar y testun 'Ymddiheuriad'. Llwyddais i gynnwys englyn o fewn y rhif gofynadwy a aeth fel hyn:

> Casbeth fyddai pregethu – yn fyrrach
> na'r arferol weddi.
> Bob tro bydd gryno yw'r gri.
> O Syr! amhosib sori!

Cwyno bod pregethau yn rhy hir o lawer a wna'r rhan fwyaf o bobol! Rwy wedi gweld sawl cartŵn yn y gorffennol yn portreadu cynulleidfa wedi dechrau danto wrth i'r sawl oedd yn y pulpud golli golwg ar yr amser yn llwyr. Cofiaf un yn arbennig lle darluniwyd rhywun a ymdebygai i *usherette* mewn sinema yn cerdded i fyny ac i lawr ale'r capel neu'r eglwys yn gwerthu hufen iâ gan fod y pregethwr wedi mynd i hwyl ac wedi siarad am lawer yn rhy hir. Roedd stori dda am bregethwr rywdro a aeth ati, ddeugain munud i mewn i'r bregeth, i esbonio i'w gynulleidfa ei fod wedi dod i'r cwrdd heb watsh ac nad oedd yn medru gweld cloc ar y wal yn unlle oddi mewn i'r capel. Mewn ymtaeb i hyn, gwaeddodd rhywun o'r galeri, 'Mae 'na galendr ar y wal y tu ôl i chi!'

Nid oes blynyddoedd mawr ers i un gweinidog benderfynu ymgymryd â'r dasg o geisio torri'r record am y bregeth hiraf a bregethwyd erioed gan un person. Llwyddodd i bregethu am bump awr a hanner can munud. Roedd yr adroddiadau yn y wasg leol yn ddiddorol a dweud y lleia. Y rhyfeddod mwya i mi oedd bod wyth o'i aelodau ffyddlon, gan gynnwys ei wraig, wedi llwyddo i eistedd drwy'r bregeth gyfan! Dywedodd mewn cyfweliad ag un newyddiadurwr ei fod wedi anelu at bregethu am chwe awr, ond daeth i ben â'i bregeth ddeng munud yn fyr. 'I didn't want to ruin it by going on,' medde fe.

Rhoddaf y gair olaf ar y mater hwn i neb llai na'r Archesgob Desmond Tutu a adroddodd hanes am bregethwr a aeth i gryn hwyl am beth amser yn y pulpud un Sul, a chan godi ei ddwy fraich mewn ecstasi gorfoleddus fe ofynnodd yn llawn emosiwn i'r gynulleidfa, 'What else can I say?' Daeth ateb mewn llais dantlyd o'r gynulleidfa, 'How about Amen?'

Ond roedd fy mhroblem innau i'r gwrthwyneb yn llwyr! Bûm am flynyddoedd yn gwneud fy ngorau i ymestyn oedfa i awr o hyd. Ychwanegais ddarlleniadau, estynnais y weddi, bendithiais yr offrwm ym mhob capel, cyhoeddais bob pennill o bob emyn, a dim yn tycio. Y gwir amdani oedd bod fy nerfau yn gyrru fy ngeiriau i symud fel *express train* o un emyn i'r llall! Mae'n siŵr gen i fod y gynulleidfa yn dal i lyncu'r darlleniad a minnau hanner ffordd trwy'r bregeth! Yna, fe'm trawodd un diwrnod, nad oedd rhaid i oedfa barhau am awr o anghenraid. Yn sicr mae elfennau arbennig y dylid eu cynnwys ym mhob oedfa: gweddïau o fawl a diolch, cyffes ac ymbil, eiriolaeth ac ymgysegriad, darlleniadau o'r Ysgrythur, cyhoeddi'r Efengyl ac emynau pwrpasol. Ie, emynau pwrpasol! Daeth gwên i'm hwyneb fwy nag unwaith pan ddewiswyd emynau ar fy rhan. Sawl gwaith tybed cafwyd y profiad o bregethu mewn capel lle bu gynt ddwy oedfa, un yn y bore a'r llall yn yr hwyr, ond y ddwy oedfa bellach wedi peidio â bod, ac un oedfa yn cael ei chynnal yn y prynhawn yn eu lle. Ond, gan fod y cwrdd nos wedi symud i'r prynhawn, glynwyd at drefn oedfa hwyr, a chenir bellach am bob prynhawn Sul am ddau o'r gloch, 'Arglwydd mae yn nosi'. Mwy doniol fyth yw canu 'Daeth eto fore Saboth' mewn cwrdd wythnos.

Oes, mae 'na elfennau hanfodol i unrhyw addoliad cynulleidfaol. Ond pwy ddywedodd fod rhaid i oedfa barhau am awr? Oes tystiolaeth o hyn i'w weld rywle ymhlith llyfrau proffwydi'r Hen Destament? A gofnodwyd hyn gan yr Apostolion pan anwyd yr Eglwys Gristnogol adeg y Pentecost cyntaf? Naddo! Wedi sylweddoli hyn, ni fûm yn cadw llygad ar y cloc, a hynny er gwell neu er gwaeth.

Ie, pregeth fer, yn wir oedfa fer oedd yr oedfa gynta honno yn Hebron. Ond teimlais o'r cychwyn cyntaf y fraint aruthrol a ddaeth i'm rhan o bregethu Gair Duw ac arwain yr addoliad. Ers hynny byddaf bob amser, wrth wahodd unigolion, yn blant ac oedolion, i gymryd rhan yn gyhoeddus mewn oedfa, yn esbonio iddynt nad gwneud cymwynas â mi, y gynulleidfa na'r eglwys a wnânt, ond rhannu'r fraint.

Mynn rhai ddweud bod oes pregethu wedi dod i ben. Mae hynny'n peri tristwch i mi oherwydd nid yw unrhyw oedfa'n gyflawn heb fod y Gair yn cael ei gyhoeddi. Serch hynny, cytunaf fod modd cyhoeddi'r Gair mewn amrywiol ffyrdd; ffyrdd sydd, o bosib, yn torri'n rhydd o hualau'r syniad o bregeth 'draddodiadol'. Beth yw eich barn chi, sgwn i? Os ydych yn mynychu lle o addoliad, os nad yw'r Gair eisoes yn cael ei gyflwyno mewn modd newydd, ffres a gwahanol, tybed a fyddech yn hoffi gweld hynny'n digwydd?

A ydym yn magu cenhedlaeth, os nad yr ail genhedlaeth yn wir, nad ydynt yn gyfarwydd ag eistedd trwy oedfa heb sôn am wrando ar bregeth. Pam? Oherwydd eu bod, mewn sawl achos, wedi cloi plant ein heglwysi yn y festri bob Sul a dim ond yn gadael iddynt ddod i mewn i'r capel pan ddaw'n amser iddynt berfformio. Mae'r eglwys a'r Ysgol Sul mewn amryw o achosion wedi cael eu cynnal ac yn parhau i gael eu cynnal fel dau gorff ar wahân yn hytrach na dwy gangen o'r un corff. Caiff y plant gyfle i ymarfer eu doniau llafar a cherddorol mewn ambell oedfa ar achlysuron neu wyliau arbennig yn ystod y flwyddyn, ac yna maent yn dychwelyd i'r festri tan y perfformiad nesaf.

Ni fu cloc y capel a minnau yn llawer o ffrindiau ers dyddiau cynnar pregethu. Ond megis dechrau yr oeddwn! Yn ogystal ag amau fy ngallu academaidd i fynd i'r afael â chwrs diwinyddol, ac amau a oeddwn yn ddigon da i ymgymryd â gwaith a oedd – fe'm magwyd i gredu – yn waith cyfrifol, arswydus o fawr a breintiedig, roedd y ffaith fy mod yn ferch yn bendant wedi ychwanegu at ddwyster y penderfyniad i ildio i alwad Duw. Defnyddiaf y gair 'ildio' oherwydd teimlaf mai dyna'r term sy'n briodol yn fy achos i, a hynny yn syml oherwydd i mi wneud fy ngorau i beidio â mynd i'r weinidogaeth. Ond pa lwybr bynnag y byddwn yn ei ddilyn, fe fyddwn fel petawn i'n dod yn ôl i'r un man bob tro!

Dyn oedd gweinidog i fi. Dyn oedd pob gweinidog yr oeddwn yn ei nabod. A ddylwn fentro? Wedi ystyried y sefyllfa'n weddïgar dros gyfnod hir, sylweddolais nad oedd Duw yn fodlon gollwng gafael ar fy nghalon nes imi ei chyflwyno, ynghyd â 'mywyd cyfan, iddo ef. Er y rhyddhad o ildio wedi cyfnod hir o ystyried, sylweddolais o'r foment honno fy mod, fel merch ifanc, yn mentro i fyd na fentrwyd iddo gan lawer o ferched o'm blaen.

Galwad?

Profiad bendithiol a gwerthfawr tu hwnt oedd dilyn cwrs diwinyddol a chael yr arweiniad a'r addysg orau bosib gan athrawon a phrifathrawon arbennig iawn.

Cyfle i drafod a seiadu, a chyfle i ymestyn y meddwl, a chyfle i gael fy ngorfodi i gamu allan o gyfforddusrwydd y pethau roeddwn yn gyfarwydd â nhw. Ymgodymu ag athrawiaethau a cholli ffordd yn llwyr ar briffordd cred o bryd i'w gilydd wrth i safbwyntiau diwinyddol amrywiol a dryslyd wibio heibio'r naill ochr a'r llall imi ar lonydd cul a llydan, gan sarnu fy mywyd bach hawdd, du a gwyn i. Ceisio gweithio mas fformiwlâu er mwyn cofio dyddiadau pwysig yn hanes yr eglwys; mis pen-blwydd Mam, rhif y tŷ drws nesaf . . . y trydydd ffigwr yn rhif ffôn Mam-gu. Cael fy nghyffroi gan hanes yr Eglwys Fore, sy'n dal i 'nghynhyrfu heddiw. Edmygu dycnwch a dyfalbarhad, gwroldeb a dewrder ei haelodau, a hynny yn wyneb ton ar ôl ton o erledigaeth. Blasu ychydig o Roeg, a hwnnw'n flas cas yn fy hanes i, mae arna i ofn! Cydchwerthin am bennau'n gilydd am na fedren ni fyfyrwyr ddod o hyd i Genesis yn ein Beiblau Hebraeg ar yr olwg gyntaf, gan fod yr iaith yn darllen o'r dde i'r chwith, ac felly wele Genesis yn y cefn! Wps! Ond ddwedodd neb wrthon ni. Dychwelyd i'r coleg ambell nos Sul yn ddigon digalon, wedi pregethu dair gwaith a gweld mwy o ddefaid yn y caeau y tu allan i'r capeli na phobol yn y seddau y tu mewn iddynt. Tybed, tybed a fedrwn ymgodymu â'r weinidogaeth hon?

Cyfle hefyd i gyfarfod ag ambell ferch arall a oedd â'i bryd ar y weinidogaeth. Rhannu llawenydd ac ofnau, gobeithion a gofidiau; rhannu te a choffi, bisgedi, bara a ffa pob! Rwy'n siŵr y byddai pawb sydd wedi cael y cyfle i fyw bywyd coleg yn cytuno bod mwy i'r bywyd nag addysg yn unig. Mae'n ysgol brofiad dda i'n dysgu sut i gyd-fyw a pharchu ffyrdd o fyw eraill. Er, rhaid cyfaddef bod arfer gan un cyd-fyfyriwr o osod label ar ei botel laeth yn oergell y gegin gymunedol ac arni'r geiriau 'Na ladrata' yn mynd â phethau ychydig bach yn rhy bell!

Un o'm hofnau pennaf oedd a fyddwn, ar ôl cwblhau fy nghwrs hyfforddi, yn derbyn galwad i eglwys? Sut dderbyniad fyddai i ferch? Dim ond tair neu bedair o weithiau y bu rhaid wynebu'r sefyllfa o'r blaen lle roedd *merch* yn agored i alwad. Sut fyddai eglwysi yn ymateb? Wedi'r cwbwl, o dan y drefn rwy'n perthyn iddi, nid lle unrhyw goleg, sefydliad neu gyfundrefn yw trefnu galwad i weinidog. Ni 'osodir' gweinidogion mewn eglwysi ac ardaloedd gennym. Eglwys leol sy'n estyn galwad i weinidog yn unol â phenderfyniad yr aelodau. Golyga hyn nad oedd sicrwydd a fyddwn, ar ôl yr holl ystyried a hyfforddiant, yn derbyn galwad o gwbwl. Mae hyn yn wir am bob ymgeisydd i'r weinidogaeth, wrth reswm, ond tybed, tybed a fyddai'r ffaith fy mod yn ferch yn dod rhyngof a'r alwad?

Pregethais ar brawf mewn dwy ardal. Cyrhaeddodd yr alwad o'r Barri cyn i'r llanw droi yn iawn ar yr Ynys. Hawdd iawn fyddai imi fod wedi derbyn yr alwad gynta a ddaeth i'm rhan gyda rhyw elfen o rhyddhad fy mod wedi derbyn galwad o gwbwl! Ond bûm yn ddigon ffodus i dderbyn dwy! Roeddwn yn gwybod o'r foment yr esgynnais i'r pulpud yn y Tabernacl mai yn y Barri roeddwn i fod i gychwyn ar y bennod newydd hon yn fy mywyd – ac yn eu bywyd hwy fel eglwys.

6

'*hi*' *nid* '*ef*'!

*W*rth baratoi ar gyfer fy nghwrdd ordeinio a sefydlu
ni allwn lai na sylwi ar eiriad y gwasanaeth ordeinio
yn *Llyfr Gwasanaeth yr Annibynwyr* (1962), 'ordeinir ef i
bregethu . . . derbyniwyd ef . . . hyfforddwyd ef . . .' Tasg
ddigon hawdd i Brifathro'r coleg, Eifion Powell, wrth baratoi
ar gyfer arwain yr oedfa oedd ysgrifennu 'hi' mewn pensil
dros yr 'ef'. Yn rhyfedd iawn hefyd, dim ond cyfarwyddiadau
i arwain angladdau 'brodyr' oedd yn yr hen *Lyfr Gwasanaeth*
hefyd. Ond gwelodd yr argraffiad newydd olau dydd yn
1998, ffrwyth pum mlynedd o waith; cyfrol gaboledig a
chyfoethog, sy'n cynnwys iaith gynhwysol drwyddi.

Ofnaf na fentrodd neb ohonom fynd â phensil dros un
o'r stôr o emynau a luniwyd yn benodol ar gyfer sefydlu
gweinidog. Ni lwyddwyd i ddod o hyd i emyn a oedd yn
cyfeirio at ordeinio neu sefydlu menyw. Bu'n rhaid troi at
ŵr cymwynasgar yn y weinidogaeth, y diweddar Barchg
O. T. Evans, cyfaill da i fyfyrwyr diwinyddol yn
Aberystwyth, gyda'r cais caredig iddo lunio emyn yn
arbennig ar gyfer yr achlysur. Ni'm siomwyd. Llawenydd
mawr yw gwybod bod yr emyn wedi ei ganu mewn mwy
nag un cwrdd ordeinio neu sefydlu menyw ers hynny.

Wrth ganmol diwyg y *Llyfr Gwasanaeth* newydd,
cafwyd cyfle yn Ionawr 2001 i groesawu *Caneuon Ffydd*,

sef y llyfr emynau cydenwadol newydd. Bu disgwyl mawr amdano, ac ni chawsom ein siomi. Mae ynddo gasgliad ardderchog o tua 900 o emynau hen a newydd, ynghyd â nifer o Salmau a thua 650 o donau. 'Bach yn drwm ei bwysau, efallai, ond yn wych hefyd. A'r gyfrol newydd hirddisgwyliedig yn fy llaw am y tro cyntaf, cofiaf droi yn syth at yr adran sy'n cynnwys emynau ordeinio neu sefydlu gweinidog, dan y pennawd crand 'Ordeiniadau a Gwasanaethau Penodol'. Bodiais yn wyllt drwy'r tudalennau gan neidio o fedydd i gymun ac yn ôl i fedydd. A oedd fy llygaid yn fy nhwyllo, neu a oedd hi'n wir na chynhwyswyd emyn ar gyfer ordeinio merch yn y gyfrol newydd hon chwaith? Suddodd fy nghalon i'm sgidie wrth sylweddoli nad oedd yn y gyfrol hon eto emyn o'r fath. Nid tynnu oddi ar y gyfrol a wnaf wrth ddweud hyn, mae gennyf feddwl mawr ohoni, ac rwy'n ei defnyddio'n gyson, ond credaf y collwyd cyfle.

Gan nad oes modd newid geiriau mewn llyfrau emynau â phensil, a rhag ofn y byddwch chi fenywod yn teimlo galwad i'r weinidogaeth wedi darllen y gyfrol hon, dyma gynnwys emyn O. T. Evans er mwyn i chi gael ei ganu yn eich cwrdd ordeinio. Cofiwch anfon gwahoddiad ataf!

Meddai'r awdur wrth gyflwyno'r emyn:

> Nid oes dim chwyldroadol yn hyn erbyn heddiw. Nid oes
> lle bellach i unrhyw fath o gulni sydd wedi llesteirio yn rhy
> hir neges gyflawn yr Efengyl, yn enwedig ymhlith ein criw
> ifanc ymroddgar sydd yn adnabod gonestrwydd a chariad
> brawdol mor bell ag y mae addoli y Crist yn y dyddiau
> tyngedfennol hyn.

Ti sy'n lledu ein gorwelion
A'n goleuo oddi fry;
Ti sy'n llunio ein dyfodol
Wrth allorau hen dy dŷ;
Rho i'th gennad
Wefr dy alwad dan ei bron.

Heddiw'n sŵn terfysgoedd daear
Boed ei hyder ynot Ti;
Dyro iddi glust, O! Arglwydd,
Lle bo cwyn i wrando cri;
Cariad Iesu
A'i dangnefedd fyddo'i rhan.

Ti sy'n adnewyddu d'eglwys
Drwy'r canrifoedd ar ei thaith;
Ti sy'n galw'r ferch yn Seion
I roi bywyd yn dy waith –
Bywyd newydd
A sirioldeb d'Ysbryd Glân.

O. T. Evans (1916–2004)

Mewn byd o ddynion

Yn y sioe gerdd *Branwen* o waith Euros Rhys, cawn
Branwen ei hun yn sôn ar gân am y profiad o fod yn ferch
mewn byd o ddynion.

Camodd nifer o ferched eraill hefyd i mewn i sgidie
dynion dros y blynyddoedd. Meddyliwn, er enghraifft,
am yr enwog Cranogwen, sef Sarah Rees o Langrannog.
A'i thad yn forwr, fe fentrodd hon i'r môr yn ei gwmni ac

yng nghwmni'r dynion hefyd! Mae'n ddifyr iawn darllen ei hanes ac fel y bu'n rhaid iddi hi, fel llawer o ferched eraill, wrthryfela'n gyson yn ei dydd yn erbyn rhagfarn cymdeithas wrth drio lledaenu'r Efengyl drwy bregethu mewn oedfaon. Dyma bwt o hanes y gwrthwynebiad a gafodd:

> Roedd rhai Gweinidogion yn anfodlon iddi bregethu, a chlywsom am un ohonynt, yn enedigol o Sir Aberteifi, yn gwrthod pregethu yn yr un oedfa â hi yn Aberdâr. Na, nid oedd ei llwybr yn un hawdd a chafodd lawer o wrthwynebiad a dywedwyd wrthi yn bur ddiseremoni gan ambell weinidog hyd yn oed na châi hi esgyn i'w bwlpud ef ond ni ddigiai oherwydd hynny, ac o'r côr mawr, y pregethai Cranogwen mewn llawer lle.

Mentrodd i fyd y dynion gyda dewrder a phendantrwydd, a doedd dim yn codi ofn arni.

Cyfeiriais eisoes at y Parchg Rosina Davies. Ymhlith y straeon sydd bellach yn rhan o'r chwedloniaeth amdani, mae'r hanes am yr enwog Dr Martyn Lloyd Jones yn teithio'r holl ffordd o Lundain i Aberteifi yn unswydd i bregethu mewn oedfa ddathlu yng nghapel y Tabernacl. Daeth un o'r blaenoriaid i'w gyfarfod o'r bws a'i groesawu i'w aelwyd. Yno fe roddwyd iddo gopi o daflen trefn y gwasanaeth, a phan welodd enw'r Parchg Rosina Davies ar y daflen, a hithau i ddarllen o'r Gair ac arwain mewn gweddi, ymddiheurodd yn fawr i'r blaenor na fedrai weld ei ffordd yn glir i bregethu ar unrhyw gyfrif tra bod menyw yn rhannu pulpud ag ef. Gofynnodd yn garedig i gael ei hebrwng yn ôl at y bws er mwyn iddo gychwyn ei ffordd adref. Nid oedd modd ei argyhoeddi'n wahanol. Yn ei ofid am yr effaith a gâi ei absenoldeb ar lwyddiant yr achlysur, cysylltodd yr aelod â'r Parchg Rosina Davies i drafod y mater. Wedi ystyriaeth ddwys, penderfynodd hithau beidio â chymryd rhan yn yr oedfa er mwyn i'r Dr Martyn Lloyd Jones bregethu. Tra bod y pregethwr enwog a grymus o Lundain yn traddodi'r Gair o bulpud y Tabernacl y noson honno, eisteddai Rosina Davies yn y gynulleidfa, wedi ei hamddifadu o ran gyhoeddus yn y dathlu, er gwaetha'r ffaith ei bod yn esgyn i'r union bulpud hwnnw i bregethu o Sul i Sul.

Mae'r Parchg Trebor Lloyd Evans yn ei gyfrol gynhwysfawr sy'n olrhain hanes capel y Tabernacl, Treforys, *Y Cathedral Anghydffurfiol Cymraeg*, yn sôn am yr enwog Barchg J. J. Williams, gweinidog, prifardd a chyn-Archdderwydd, ac un nad oedd yn rhy awyddus i groesawu merch i'r pulpud. Roedd yn anfodlon pan ddeallodd fod menyw o'r enw Maude Royden wedi ei gwahodd i bregethu ym mhulpud y Tabernacl, ond wrth wrando arni'n traddodi, cafodd J. J. ei lorio'n lân gan ei huodledd.

Er nad yw'n fwriad gennyf gyffwrdd gormod â hanes menywod yn y weinidogaeth y tu allan i Gymru a'r cylch Cymraeg, mae'n werth oedi am funud i werthfawrogi gwaith y fenyw ryfeddol hon, Maude Royden. Yn ogystal â bod yn heddychwraig ac yn ysgrifennydd gweithgar Cymdeithas y Cymod yn Lloegr (Fellowship of Reconciliation), roedd hi'n dangos doniau cyhoeddus amlwg, ynghyd ag argyhoeddiad Cristnogol gloyw.

Fe'i gwahoddwyd yn 1917 gan y City Temple enwog, sef yr eglwys gynulleidfaol yn Holborn, Llundain, i fod yn bregethwraig gynorthwyol – y fenyw gyntaf erioed i ymgymryd â'r gwaith. Wedi derbyn yr alwad yn 1918, aeth rhagddi i bregethu mewn un eglwys ar y testun 'Cynghrair y Cenhedloedd a Christnogaeth', ac o ganlyniad derbyniodd gerydd gan Esgob Llundain. Fe'i gwahoddwyd i bregethu mewn oedfa ar ddydd Gwener y Groglith, ond cafodd ei rhwystro rhag gwneud gan yr Esgob oherwydd bod yr oedfa honno'n un arbennig o 'sanctaidd'. Yn fuan wedyn sefydlwyd Cymdeithas ar gyfer Gweinidogaeth Gwragedd, ac aed ati i gychwyn yr ymgyrch swyddogol gyntaf i ganiatáu ordeinio menywod. Sefydlodd Maude Royden y Guildhouse, sef canolfan ar gyfer addoli ecwmenaidd a diwylliant. Byddai'n pregethu yno bob nos Sul i gynulleidfa a arferai ddod o bob cwr o Lundain i wrando arni, a daeth enwogrwydd byd-eang iddi fel pregethwr. Tybed ai'r profiad o wrando ar Maude Royden a ysgogodd J. J. Williams i ysgrifennu'r geiriau hyn yn ei emyn godidog:

> dysg i'n calon garu'r
> doniau mwya'u gwerth.

Ysgwn i sut dderbyniad fyddai Cranogwen a Maud Royden a'u tebyg yn ei gael yng Nghymru heddiw? Llawer mwy cynnes gobeithio! Wn ni ddim am fy ffrindiau benywaidd yn y weinidogaeth, ond ni theimlais yn bersonol erioed fod unrhyw un o'm cyd-weinidogion wedi gwrthod pregethu yn yr un oedfa â mi, nac ychwaith wedi fy ngwahardd o unrhyw bulpud na chylchoedd cymdeithasol y weinidogaeth lle mae gwŷr yn y mwyafrif. Cefais fy nerbyn ym mhob man ganddynt a'm cynnwys ym mhopeth ers y cychwyn cyntaf, ar lefel broffesiynol a hefyd ar lefel cyfeillgarwch. Bu achlysuron pan mai fi oedd yr unig ferch ymhlith criw niferus o weinidogion gwrywaidd, ond teimlais bob tro fy mod yn cael fy nerbyn fel cyd-weinidog, ac fel cyd-weithiwr, ac nid wyf wedi teimlo mas o le yng nghwmni gweinidogion eraill erioed. Mae'r weinidogaeth yn medru bod yn waith unig iawn, ac fe fyddai'n fwy unig byth heb ffrindiau.

Mae'n bosib fod rhai ohonom ni ferched yn y weinidogaeth wedi teimlo'n llawer mwy na'r dynion fod angen i ni brofi ein hunain o fewn ein cylchoedd gweinidogaethol o bryd i'w gilydd. Profi ein hunain yng ngŵydd eraill, a hyd yn oed profi ein hunain oherwydd nad ydym, yn nhyb rhai, yn *edrych* fel gweinidog. Wn ni ddim sut mae gweinidog i *fod* i edrych? Ydych chi?

Teimla ambell un fod galw arnom i brofi ein hunain yn llygaid ambell weinidog hefyd. Mae'n arbennig o wir yn ôl un o'm ffrindiau pan ddaw'r alwad ffôn adeg angladd person ifanc a gweinidog gwrywaidd yn cynnig cynnal y gwasanaeth angladdol yn eich lle, am ei fod yn meddwl y byddai pwysau'r achlysur yn ormod i chi fel menyw. Sôn am orfod profi'ch hun o flaen eich cymheiriaid!

Nid yw'r daith yn fêl i gyd. Cefais innau ambell frathiad gan dafod miniog, a chic gan ambell unigolyn ystyfnig. Profodd eraill bethau tebyg gan unigolion, a chan gynulleidfaoedd cyfain ac eglwysi mewn ambell achos. Prysuraf i ddweud na ddigwyddodd hyn i mi erioed o fewn rhengoedd y weinidogaeth, ond yn hytrach yn ystod cyfnod y paratoi – blynyddoedd coleg – wrth gwrdd â phob math o bobol â daliadau gwahanol. Gwnes fy ngorau i barchu eu ffordd hwy o feddwl – rwyf eisoes wedi crybwyll bod angen gwneud hynny, hyd yn oed os nad ydym yn medru gwneud synnwyr o'r ffordd honno ar adegau. Trueni nad yw pawb yn gwneud yr un peth. Fe ddywedwyd gras bwyd yr eilwaith wedi i mi ei offrymu rywdro, a minnau'n ddigon naïf i gredu nad oedd y rhai ar ben ucha'r bwrdd wedi fy nghlywed – nes iddo ddigwydd ar achlysur arall, ac un arall eto, a minnau'n sylweddoli yn y diwedd nad oedd fy ngweddi i'n ddigon da i rai. Wn ni ddim a fyddai'r Arglwydd wedi cytuno.

Ond beth yw ambell frathiad o'i gymharu â'r hyn mae rhai Cristnogion wedi ei ddioddef ar hyd blynyddoedd hanes yr eglwys, ac yn dal i ddioddef heddiw mewn rhai mannau o'r byd.

Rwy'n cyfaddef fy mod yn rhywun sensitif iawn alla i ddim helpu hynny. Un peth sy'n sicr, nid yw'r weinidogaeth wedi golygu 'mod i wedi magu croen eliffant, ac nid yw'n ddymuniad gennyf gael croen o'r fath chwaith. Mae gwahaniaeth mawr rhwng geiriau sy'n brathu'n fwriadol a geiriau sy'n cael eu dweud heb unrhyw fath o fwriad i beri loes.

Rwyf wedi bod yn bresennol mewn angladdau cyn hyn, yn un o nifer o weinidogion sy'n eistedd ym mlaen y capel, ac wedi cael fy ngwahodd i gymryd rhan yn yr oedfa yn annisgwyl. Wrth esgyn i'r pulpud a chroesawu'r gynulleidfa i'r oedfa, ai'r gweinidog oedd yn arwain y cynhebrwng ati i groesawu'n arbennig ei *frodyr yn y*

weinidogaeth, iff iew plîs! A minnau'n eistedd yno yn
eu plith ac yn teimlo'r cochni'n cripian i fyny fy wyneb
mewn un gwrid *mega* wrth i lygaid pawb droi oddi
wrth y gweinidog, ac i'w meddyliau droi oddi wrth yr
ymadawedig er mwyn syllu arnaf yn eistedd yno – yn fy
sgert! Ond nid yw gosodiad o'r fath, er ei fod yn dechnegol
anghywir, yn fy mhoeni o gwbwl. A dweud y gwir, rwy'n
dueddol o weld yr ochr ddoniol iddo. Mater o arferiad
ydyw, ac mae'n cael ei ddweud yn yr ysbryd gorau, heb
unrhyw fwriad yn y byd i ddirmygu na niweidio. Felly
hefyd pan ddaw'r gwahoddiad i gymdeithas 'Fraternal'
y gweinidogion, a phob 'Fraternal' arall rwyf wedi bod
ynddynt ar hyd y blynyddoedd – mae *tair* ohonom yn
aelodau o'r un presennol!

Mewn trwy un glust a mas trwy'r llall, fel dŵr ar gefn
hwyaden, ys dywed yr hen gyhoeddwr hwnnw wrth
gymysgu ei gyffelybiaethau! Nid pethau fel'na sy'n brifo.
Mae geiriau pobol sy'n mynnu dweud gras bwyd ar fy ôl yn
brifo llawer mwy.

7

Anesmwythdra

*E*r gwaethaf rhagfarnau rhai a gofidau eraill, mae'n werth ein hatgoffa'n hunain fod Cymru wedi bod yn flaengar iawn ym mater ordeinio menywod. Ceir gwrthwynebiad chwyrn i fenywod yn y weinidogaeth mewn ambell ran o'r byd o hyd, megis yn India ac Ynysoedd Môr y De. Ceir problemau eraill ar lawr gwlad mewn amryw o wledydd ond nid yn gymaint o du'r enwadau.

Mae'r broblem yn un ddofn a dyrys iawn ac yn amlwg mewn nifer o wledydd ac iddynt ddiwylliant sydd wedi ei wreiddio'n ddwfn iawn ac wedi llywio hanes a thraddodiadau'r wlad ers cyn cof. O ganlyniad, nid gwaith hawdd yw argyhoeddi pobol i gredu'n wahanol i'r ffordd y'u magwyd i gredu – y graig a naddodd eu cyndadau. Ceir hefyd systemau fel y system gast yn India er enghraifft, sy'n gwrthdaro â Diwinyddiaeth Ryddhad y Dalitiaid ac yn gwneud y dasg o ddod o hyd i dir canol ar amryw o bynciau yn eithriadol o anodd.

Efallai na roddwyd digon o sylw i'r gwahaniaethau rhwng rhyw a *gender*. Ein rhyw yw ein gwneuthuriad biolegol, ffisegol, ond onid ein *gender* yw'r ffordd mae cymdeithas wedi diffinio'r hyn y dylai gwŷr a gwragedd fod yn debyg iddo? Mae disgwyliadau gan gymdeithas ar gyfer menywod a dynion, a'r disgwyliadau hyn yn atal datblygu mewn nifer o wledydd o hyd.

Os yw unigolyn yn cael ei atal rhag chwarae ei ran mewn cymdeithas a chyfrannu'n llawn iddi – drwy gael ei fwlio ar fuarth ysgol, er enghraifft, neu gael ei rwystro rhag cyflawni ei lawn botensial fel rhan o system boliticaidd neu o'r eglwys, a hynny am resymau hiliol, rhywiol, neu economaidd – mae'r fath ragfarnu'n ddigon i rwystro'r unigolyn hwnnw neu honno rhag cyflawni'r hyn y bwriadwyd iddynt ei gyflawni yn y byd.

Wrth baratoi'r gyfrol hon fe'm cyfeiriwyd at fenyw o'r enw Evangeline Anderson Rajkhumar sy'n Ddeon Athrawiaeth mewn coleg diwinyddol unedig yn India. Bu'r sgyrsiau ar hyd y lein ffôn rhwng y Coleg Diwinyddol ym Mangalore a'r stydi yn yr Hafan, Caerfyrddin, yn rhai dadlennol tu hwnt, a chlywed am ei brwydr bersonol yn ei geiriau ei hun yn ddim byd llai nag ysgytwol o ysbrydoledig. Menyw yw hon na chredodd erioed mai ei lle hi yw brathu ei thafod ar fater ordeinio menywod. Yn wir, bu'n ddewr o lafar o blaid lle'r fenyw yn y weinidogaeth.

Mae'n credu mai dau beth sy'n sail i'r broblem yn nhraddodiad eglwysig ei gwlad, sef cwestiwn diwylliant a chwestiwn pŵer. Gwêl fod yr eglwys yn araf tu hwnt yn dod i fod yn fodlon rhannu pŵer â'r menywod. Edrychir ar wragedd fel gwragedd yn unig, heb unrhyw botensial i gyflawni mwy na'r hyn sy'n ddisgwyliedig o ran traddodiad, ac yn unigolion nad oes modd eu hordeinio.

Ymhlith y straeon a lifodd dros wifrau'r llinellau ffôn, roedd gan Evangeline hanes am un fenyw a frwydrodd am flynyddoedd lawer i gael ei hordeinio, ond iddi gael ei gwrthod dro ar ôl tro. Roedd Evangeline yn llawn edmygedd o'i dyfalbarhad yn dal ati i guro'n amyneddgar ar gydwybod yr awdurdodau eglwysig nes iddi, o'r diwedd, lwyddo i dorri drwy wal eu styfnigrwydd a'u cael i gydsynio i'w chais, gan ganiatáu iddi ymateb yn llawn i alwad Duw yn ei chalon. Hon oedd y gyntaf yn y traddodiad eglwysig lleol i'w hordeinio. Digwyddodd hynny ar 11 Mawrth 2012. Cafodd Evangeline a minnau ein sgwrs ffôn gyntaf ni ar 14 Mawrth. O'r braidd y medrais gredu fy mod wedi digwydd codi'r ffôn yn ystod wythnos mor hanesyddol ym mywyd un o blant Duw. Ond buan y gwisgwyd fy llawenydd â mantell leddf wrth imi ddysgu iddi gael ei hatal rhag gofalu am gynulleidfa eglwys er bod hawl ganddi i ddefnyddio 'Parchedig' o flaen ei henw. Yr hyn sy'n hynod ynglŷn â'i hanes yw mai Athro Hen Destament a phennaeth mewn coleg diwinyddol yw'r wraig newydd-ordeiniedig hon, yn hyfforddi ac yn paratoi unigolion ar gyfer y weinidogaeth Gristnogol o fewn yr union drefn eglwysig a wrthododd ei hordeinio, ac sydd bellach yn ei hatal rhag bod â gofal eglwys. Ymddiriedir yn llwyr ynddi i hyfforddi gweinidogion, ond nid i arwain yn ei heglwys ei hun. Bydd yn treulio gweddill ei gyrfa yn y byd academaidd ac yn ymddeol fel pennaeth ac nid fel gweinidog. Dyna'r mwyaf y gall hi ei ddisgwyl.

Yn wahanol iawn i'r sefyllfa yng Nghymru, gwelir cannoedd o fenywod yn llifo i mewn i'r colegau diwinyddol yn India. Nid mater o *supply and demand* yw hi. Yn 1977 cynhaliwyd cynhadledd yn India ar gyfer menywod a addysgwyd ac a hyfforddwyd mewn diwinyddiaeth. Roedd i'r gynhadledd arloesol hon dri phwrpas, sef cynorthwyo menywod a hyfforddwyd mewn diwinyddiaeth i ddod o hyd i ffyrdd o ysgwyddo mwy o gyfrifoldebau oddi mewn i fywyd a chenhadaeth gyflawn yr eglwys; hoelio sylw'r eglwysi ar bresenoldeb menywod a chanddynt gymwysterau diwinyddol a sylwi ar eu potensial, ac annog y menywod hynny i greu cymdeithas a fyddai'n datblygu strategaethau i gwrdd â'u hanghenion. Ddwy flynedd yn ddiweddarach, ganwyd cymdeithas arbennig a fyddai'n galw ynghyd fenywod a hyfforddwyd mewn diwinyddiaeth yn India a adnabyddir wrth ei *acronym* ATTWI, a honno'n gymdeithas ecwmenaidd ac iddi fwy na phum cant o aelodau. Arweiniwyd trafodaethau grymus ganddynt mewn sesiynau yn y cyfarfodydd a gynhaliwyd ac sy'n parhau i gael eu cynnal yn gyson o hyd gan y gymdeithas. Roedd darllen rhai o themâu'r cynadleddau yn adrodd cyfrolau, er enghraifft 'Dare, Share and Act', neu 'New Dawn for Women', a hefyd 'Empowered by God – Women Transcend Barriers'. Erys y cwestiwn am faint mwy o flynyddoedd y gall yr eglwys eu gwrthod?

Fe berthyn y Parchg Ddr Evangeline Anderson Rajkumer i'r Eglwys Lutheraidd sydd ag un ar ddeg cangen, a naw ohonynt bellach, ar ôl cyfnod hir o gamu'n ofalus ac araf, yn caniatáu ordeinio menywod. Mae un gangen yn dweud yn gwbwl ddi-flewyn ar dafod – yn ôl Evangeline – na fyddai'n cytuno â menywod yn y weinidogaeth hyd yn oed pe bai Iesu ei hun yn dweud wrthi i'w caniatáu. Ystyrir menywod yn y weinidogaeth fel heresi fwya'r eglwys yn yr unfed ganrif ar hugain.

Ni allaf lai nag edmygu Evangeline am ei safiad gwrol (!) yn ymadael â'r gangen hon o'r eglwys ac yn gofyn am gael ei hordeinio mewn cangen arall. Nid cam hawdd oedd gadael gan fod aelodau ei theulu, gan gynnwys ei gŵr, yn aelodau yno. Nid yw'n swil rhag rhannu ei barn am yr hyn a elwir yn 'Capitalist Pomp – we are dictated what to believe in and what not to believe in.' Cred fod rhai yn mynnu chwarae Duw. Fe'i hordeiniwyd ar 3 Medi 2006, ac mae'n parhau i fod yn Athro yn y Coleg Diwinyddol. Bu'n llenwi bwlch am gyfnod yn absenoldeb Prifathro'r Coleg, ac o'i chadair y tu ôl i ddesg y pennaeth, bu'n dyst i sawl sgwrs â gwŷr nad oedd yn cytuno y dylai menywod gymryd swyddi o arweiniad yn yr eglwys. Er mawr ryfeddod iddi, eisteddodd sawl menyw o'i blaen hefyd a oedd â'r un safbwynt â'r gwŷr. Gydag agwedd negyddol yn perthyn i'r ddau ryw, mae'r dasg o annog partneriaeth o fewn y weinidogaeth yn un eithriadol o fawr. Cred Evangeline fod yr eglwys yn 'wrywaidd' iawn, ond cred yr un mor gryf, os nad yn gryfach fyth, fod Duw yn parhau i roi i fenywod anogaeth a nerth i ddal ati.

Ac yn eu plith mae'r fenyw egnïol hon. Mae awel ei hargyhoeddiad dewr a'i brwdfrydedd heintus yn dal i chwythu'n gryf drwy chwiban ei bywyd yn galw i drefn holl glustiau'r eglwys, y rhai gwrywaidd a'r rhai benywaidd. Mae'n cyfaddef ei bod wedi ei bendithio nid â 100% o egni ond 200% – 100% i wneud ei gwaith a 100% i frwydro yn erbyn y pwerau sy'n ei rhwystro hi a merched tebyg iddi rhag cyrraedd eu llawn botensial yn eglwys Gristnogol yr unfed ganrif ar hugain.

Anesmwythdra yng Nghymru

Bu Cymru'n flaengar wrth ganiatáu ordeinio menywod, ac eto nid pawb o bell ffordd o fewn corau pren anghysurus capeli ac eglwysi'n gwlad a ymatebodd yn frwd i bresenoldeb menyw yn y pulpud. Nid pawb fu'n ddigon caredig i osod drych ar y wal ac i blygu *serviettes* pinc fel arwyddion o'u croeso. Dyna'r hyn a glywaf ar hyd rwydwaith gwifrau gweinidogaethol y menywod, ta p'un 'ny.

Ni welais hynny â'm llygaid fy hun, na chwaith ei brofi yn y ddau gylch ardderchog yr wyf wedi cael y fraint o weinidogaethu ynddynt, yn arbennig wrth ymwneud â'm pobol yn fy ymdrech annigonol i'w bugeilio yn enw Duw. Wel . . . chyrhaeddodd dim byd fy nghlyw i, beth bynnag!

Ond mae'n debyg nad felly yw hi ym mhrofiad pawb. Nododd un fenyw a ordeiniwyd gan yr Eglwys Fethodistaidd fod ychydig o anniddigrwydd 'gan eu bod (menywod yn y weinidogaeth) wedi cymryd eu lle, eu bod yn awr yn cael eu cadw'n gadarn yn eu lle'. Mynegodd bryder am y nifer fechan o ferched sy'n dilyn ei chamau, yn arbennig y diffyg arolygwyr benywaidd. Bu hon yn ddigon dewr i ychwanegu ei bod yn credu bod steil llai awdurdodol a chydweithio yn gweddu'n well i ferched a bod yn rhaid gwneud ymchwil i strwythurau'r eglwys. Mae dynion, yn y cyfamser, yn parhau i reoli'r penderfyniadau ac yn parhau i weithredu'n geidwadol. Mae yna rai cylchdeithiau a fyddai'n dioddef cael un ferch yn weinidog; ond mae'r syniad o ddwy, neu fwy, yn eu dychryn.

Efallai mai gwir yw dweud bod agweddau wedi newid llawer yn ystod y blynyddoedd diwethaf, a bod y merched a ordeiniwyd gyntaf wedi paratoi'r ffordd i'r rhai ohonom a ddaeth ar eu hôl.

Os bu anesmwythyd o gwbwl, pwy dybiech chi a fu'n fwyaf pryderus a phetrusgar, ac yn fwy uchel eu cloch ynghlych eu hamheuon am weld menyw yn y pulpud? Y menywod eraill! Nid gwŷr, na meibion, na brodyr, ond menywod! Meddyliwch! Ofnaf efallai bod ambell fenyw wedi llyncu gormod o galorïau traddodiad, a bod hynny wedi effeithio ar lefelau eu gweledigaeth a'u goddefgarwch.

Mae torri ar draddodiad yn beth poenus iawn i'w wneud, rwy'n deall hynny, ond ai traddodiad yw'r maen tramgwydd? Mae 'traddodiad' a 'thraddodiadau' yn bethau arbennig iawn, ac wedi saernïo'n ffordd o fyw a gweithio. Cyfrannodd traddodiadau o bob math yn fawr at gyfoeth diwylliannol ein cenedl, yn ogystal ag at ein heglwysi, a hyd y gwela i, nid traddodiad*au* yw'r broblem, ond traddodiad*aeth*. Ni all traddodiad rwystro datblygiad a symud ymlaen, ond mae bod yn *gaeth* i draddodiad, sef traddodiadaeth, yn medru tagu unrhyw ddatblygiad neu esblygiad newydd.

Rhaid bod yn ymwybodol o'r ffaith bod cael menyw yn weinidog yn brofiad newydd sbon i ambell gynulleidfa, ac yn rhywbeth sy'n torri ar yr hyn sy'n gyfarwydd iddynt. Mae'n debyg iawn i weld menyw yn gyrru bws am y tro cyntaf, neu'n trwsio injan car. Rhaid rhoi cyfle i gynulleidfa ymgyfarwyddo â'r sefyllfa newydd ac nid eu beirniadu am fethu â dygymod â hi dros nos. Mae torri ar draws yr hyn sy'n gyfarwydd yn golygu'n aml dorri ar draws yr hyn sy'n gyfforddus i bobol. Gŵyr pawb ohonom fod camu mas o gyfforddusrwydd bywyd yn brofiad sy'n codi ymdeimlad o ansicrwydd ynom nes bod y sefyllfa newydd, dros amser, yn ailblannu'r sicrwydd ynom. Diddorol yw nodi nad eglwysi mewn trefi blaengar a soffistigedig eu byd yn unig estynnodd y galwadau cyntaf i fenywod, ond hefyd rhai mewn ardaloedd gwledig a chymunedau amaethyddol. Calondid mawr yw nodi hefyd fod ambell gylch a brofodd weinidogaeth menyw wedi sicrhau olynydd yn y llinach weinidogaethol trwy alw merch am yr eildro.

Bugeilio

Un o gyfrifoldebau pob gweinidog, ac un yr addewir ei gyflawni yn y gwasanaeth ordeinio, yw bugeilio, sef bugeiliaeth ofalus o'r bobol sydd o dan ofal y gweinidog yn yr eglwys. Tybiaf mai rhywbeth sy'n unigryw i'r grefydd Gristnogol yw meddwl am y gweinidog neu'r offeiriad yn nhermau bugail, a'r bobol dan ei ofal, neu ei gofal, fel praidd.

Daw'r ddelwedd hon oddi wrth Iesu Grist a'i galwodd ei hun yn 'Fugail Da'. Ond nid term yn unig yw'r enw hwn, ond cyfrifoldeb ac anrhydedd hefyd. Mae'r bugail yn un sy'n mynd allan o'i ffordd i warchod buddiannau ei gydddyn. Credwn fel Cristnogion fod Iesu Grist, y Bugail Da, wedi mynd mor bell â rhoi ei fywyd dros ei braidd.

Nid tasg hawdd i fugail ar dir agored mynyddig yw gofalu am ei ddefaid. Ac nid tasg hawdd yw hi i fugail fugeilio yn y cyd-destun eglwysig chwaith. Ni all y bugail ym myd amaeth esgeuluso'i braidd, hyd yn oed mewn tywydd garw, ac ni all bugail mewn eglwys ddewis ymweld yn unig pan mae'r haul yn gwenu'n serchog ar ei braidd. Mae'r gwaith hwn yn golygu ymweld â phobol yn eu hamrywiol sefyllfaoedd, amgylchiadau ac anghenion, a hynny yn aml iawn pan mae cymylau tywyll tywydd garw a stormus yn taflu eu cysgod. Golyga fod bugail yn medru treulio amser yng nghwmni ei bobol ar adegau o argyfwng yn hanes unigolion neu deulu. Mae hynny'n fraint aruthrol o fawr, ond yn gyfrifoldeb arswydus ar yr un pryd.

Er bod y gweinidog yn cael ei daflu, neu ei thaflu yn fy achos i, i mewn i sefyllfaoedd o argyfwng o'r funud mae'n camu i'r weinidogaeth, rhaid cofio nad argyfwng sy'n ysgogi pob ymweliad chwaith. Daw'r gweinidog, wrth ymweld â'i aelodau, i adnabod ei bobol a sefydlu cyfeillgarwch rhyngddo ef neu hi a'r teulu neu'r unigolyn, ac ymddiriedaeth yn sail i'r cyfeillgarwch hwnnw. Mae'n deg nodi yn y fan hon nad rhywbeth sy'n digwydd dros nos yw ennill ymddiriedaeth pobol, mae'n gallu cymryd amser hir yn achos rhai. Rhaid derbyn hynny ac aros yn amyneddgar i hedyn ymddiriedaeth fwrw ei wreiddiau a blaguro, a derbyn na fydd yr hedyn o bryd i'w gilydd yn bwrw gwreiddiau o gwbwl, er cymaint yr ymdrech i drin ac aredig y tir yn ofalus.

Blagurodd hedyn yng nghalon un wraig y des i'w hadnabod yn dda yn ystod fy ngweinidogaeth a barodd iddi gyfaddef imi un diwrnod, a gwên ar ei hwyneb a thinc o ddigrifwch yn ei llais, ei bod, wrth i'r eglwys drafod estyn galwad i mi flynyddoedd cyn hynny, yn betrusgar iawn ynglŷn â phenderfyniad y gynulleidfa o blaid gwneud oherwydd fy mod i'n ferch. Cyfaddefodd hefyd ei bod yn rhy swil i godi ei llaw i bleidleisio yn erbyn! Rwy'n cymryd rhyw gysur yn y ffaith ei bod siŵr o fod wedi newid ei meddwl cyn iddi weld yn dda i rannu ei theimladau â mi, a hefyd, cyn ei bod wedi rhoi sêl ei bendith ar fy nghais i gynnwys yr hanesyn bach hwn yn y gyfrol hon. Wedi hynny, teimlodd un gŵr yr awydd i ddatgan yn gyhoeddus mewn digwyddiad cymdeithasol beth amser yn ôl ei fod, pan glywodd fod 'menyw' yn dod yn weinidog i'r fro, wedi dweud, yn ei eiriau ei hun ac mewn difri calon, ''Na ddiwedd arnon ni!' Er mawr syndod i rai, mae'n amlwg, nid wedi dod i roi 'diwedd' ar unrhyw eglwys ydw i nac eraill tebyg imi, ond i'w hadeiladu yn gymdeithas glòs a chynnes a fydd yn pelydru goleuni Iesu.

8

Gofidiau

*R*hyfedd, a dweud y lleiaf, yw'r rhesymau (neu'r esgusodion) a gyflwynir gan bobol wrth fynegi eu pryder a'u gofid am gael menyw yn weinidog.

Llais

Ymhlith y pethau bach sydd, yn ôl rhai, wedi peri ychydig o amheuaeth ynglŷn â gwrando ar fenyw yn pregethu yn y pulpud yw ei llais. Nid ei llais canu, ond ei llais wrth draddodi. Beth *am* ei llais, meddech chi? Y ffaith nad yw ei llais yn ddigon cryf i lenwi pob cornel o'r adeilad? *Sgersli bilîf!* Mae'n siŵr gen i y byddai sawl gŵr yn cwestiynu hynny! Awgrymodd fy mam-gu rywdro, a hithau ar y pryd ar fin camu dros drothwy ei phen-blwydd yn naw deg oed, y dylid gosod *microwave* ym mhob pulpud fel bod pawb yn gallu clywed y gweinidog! Wn ni ddim os mai pum munud ar *full power* neu ar *defrost* fyddai orau?

Mae'r awydd sydd gan nifer i eistedd yn seddau cefn y capel ar y Sul yn rhywbeth sydd wedi peri dyrswch mawr i mi erioed. Sylwaf fod y capel yn tueddu i lenwi o'r cefn. Mae gofyn eich bod yn cyrraedd yr oedfa yn gynnar er mwyn diogelu eich sedd! Byddaf yn aml yn tynnu coes fy nghynulleidfa drwy ddweud pe baent yn digwydd eistedd ymhellach 'nôl, fe fyddent mas ar y pafin! Ond wrth eistedd yng nghefn y capel, mae yna berygl nid yn unig na fydd pawb yn clywed pob gair a ddaw o enau'r pregethwr, ond hefyd fod gwagle mawr rhwng y pregethwr a'r gynulleidfa, sy'n drueni mawr o ystyried mai teulu ydy eglwys. Ni fyddai'r un teulu, gartref ar yr aelwyd, yn gwasgaru ar draws y tŷ i wylio'r un rhaglen deledu mewn gwahanol ystafelloedd.

Gan fy mod yn defnyddio offer gweladwy yn gyson ar y Sul, a geiriau pob emyn yn ymddangos ar sgriniau ym mlaen y capel, cefais fy nhemtio rywdro i leihau maint y llythrennau a newid y ffont fel na fyddai'n hawdd i'r rheini yn y seddau cefn eu gweld. Ond ysywaeth, methodd yr arbrawf wrth i gynulleidfa'r seddau cefn gydio mewn llyfrau emynau!

Nid pob capel sydd yr un siâp o ran pensaernïaeth chwaith. Tra bo ambell gynulleidfa sy'n cwrdd mewn adeilad ac iddo hyd a dyfnder yn dewis eistedd yn y cefn, ble dwedwch chi mae'r gynulleidfa sy'n cwrdd mewn adeilad sydd heb fawr o ddyfnder ond â mwy o led iddo, yn dewis eistedd? Wel, yn nyfnder yr ochrau, wrth gwrs – yn y *wings*! A neb braidd yn eistedd yn y canol. Gall pregethu i gynulleidfa felly ymdebygu i'r profiad o wylio gêm tennis, a phen y pregethwr yn troi o'r naill ochr i'r llall drwy'r oedfa.

Gyda chyfarpar technolegol megis meicroffon, ynghyd â system lŵp i'r rhai sydd â nam ar eu clyw, bellach ar gael yn y rhan fwyaf o gapeli, ni ddylai clywed llais pregethwr fod yn broblem. Ond deallaf mai'r hyn sy'n peri gofid i rai yw nad yw llais menyw yn taro'r glust mor esmwyth â llais dyn bob amser. Mae llais menyw ac iddo draw yn uwch.

Yn ôl ymchwil diweddar a wnaed yng Nghanada credir bod pobol sydd â lleisiau dwfn yn fwy awdurdodol. Honnir gan yr ymchwil hwn fod mwy o bobol yn ystod etholiad yn pleidleisio dros yr ymgeiswyr sydd â lleisiau dwfn, ac nad yw'n gymaint i wneud â pholisïau neu blaid. Rwy'n credu falle fod lle i amau'r ddamcaniaeth honno, ond dywedir bod lleisiau gwahanol yn apelio at rannau gwahanol o'n hisymwybod, a bod ambell lais yn gwneud i ni deimlo'n gyfforddus yn ei gwmni. Sylwodd rhywun wrth ymchwilio fod pob un o etholiadau arlywyddol Unol Daleithiau America rhwng 1960 a 2000 wedi eu hennill gan yr ymgeisydd â'r llais dyfnaf! Yn y ffilm *The Iron Lady* fe welwyd y chwedlonol Margaret Thatcher a bortreadwyd gan Meryl Streep yn cael ei pharatoi ar gyfer ei hethol fel arweinydd ei phlaid drwy newid ei delwedd o ran ei gwisg a steil ei gwallt, a hefyd drwy fynychu sesiynau a fyddai'n dyfnhau ei llais fel y byddai, yn ôl y gred, yn cario mwy o awdurdod. Barnwch chi drostoch eich hunain os bu sail i'r ddamcaniaeth yn yr achos penodol hwnnw.

Nid yw Cymru'n brin o unigolion sydd wedi eu breintio â lleisiau dwfn, melfedaidd. Mae dyfnder llais Cynan wrth iddo sôn am greigiau Aberdaron yn sicr yn ychwanegu at gynnwrf y dyfroedd wrth iddynt daro'r creigiau. A beth am leisiau pobol fel T. H. Parry-Williams, Siân Phillips a J. O. Roberts? Heb anghofio am lais mawr, pwerus ac unigryw Richard Burton? Wel, pan ddaw'n fater o lais yn y pulpud, rhaid cofio mai cyfrwng yn unig ydyw. Er ei bod yn hollbwysig i'r bregeth gael ei thraddodi'n iawn, ac i'r darlleniad gael ei baratoi'n drylwyr, eto y geiriau a ddaw oddi wrth yr unigolyn sy'n bwysig – y neges.

Gwisg

Testun sgwrs a thrafodaeth gyfarwydd iawn yng nghylchoedd merched yw ffasiwn. Ond beth am fenyw yn y weinidogaeth? Beth mae menyw yn y pulpud fod i wisgo? Mae'n ddigon hawdd i ddynion – siwt, crys a thei ac mi fydd e'n disgleirio. Ond beth am ferch? Gall pobol fod yn llawer mwy beirniadol o wisg menyw nag o wisg dyn, a does dim amheuaeth mai menywod eraill sydd uchaf eu cloch ynglŷn â hyn. Wedi dweud hynny, fe sylwodd un gŵr fod ei weinidog, ar nos Sul crasboeth o haf, yn sefyll wrth y bwrdd cymun mewn sandalau agored (rhai newydd a smart rwy'n prysuro i ddweud, ac nid sandalau glan y môr) a phaent ar ewinedd bysedd ei thraed, yn ôl ffasiwn y dydd. Sylw'r gŵr bonheddig oedd hyn; 'Nid beirniadaeth yw hyn o gwbwl, felly da chi, peidiwch â chymryd y peth yn bersonol. Dim ond mynegi ffaith rwyf am ei wneud, sef rwy'n credu mai chi yw'r gweinidog cyntaf yn hanes yr eglwys hon i weinyddu'r cymun mewn *nail varnish!*'

'Allwch chi fod yn gwbwl sicr o hynny?' meddwn i fel ateb. Ac yn wir, chwarae teg, cyfaddefodd y gŵr bonheddig nad oedd wedi meddwl am y posibilrwydd hynny o gwbwl.

Mae gwisg yn bwysig, ac wrth reswm yn medru bod yn destun siarad, a gall hyn weithio yn erbyn merch mewn pulpud; gall y wisg ddenu'r sylw oddi wrth y neges. Yn ystod y blynyddoedd cynnar, cyn imi gychwyn yn y weinidogaeth lawn amser, a phan fyddwn yn ymweld â chapeli gwahanol o Sul i Sul fel pregethwr lleyg, byddai'r ymateb ar ddiwedd yr oedfa yn medru bod yn ddigon rhyfedd. Gwragedd gan amlaf yn dweud pethau caredig bod lliw fy mlowsen yn siwtio fy ngwallt, ac yn cyfeirio at y ffaith fy mod wedi fy mendithio â llond pen o wallt cyrliog. Wedi'r cwbwl, wyddoch chi faint yw pris *perm* y dyddie 'ma? Dymuniad rhai oedd hel fy achau a chreu pob math o gysylltiadau rhyngddynt a'm cyndadau. Braf, braf iawn; mae pobol mor ffeind eu ffordd, ond fe fyddai wedi bod yn neis clywed rhywbeth am y bregeth hefyd.

Wn i ddim am y merched eraill, ond fûm i erioed yn gyfforddus yn gwisgo coler gron. Nid yw'n rhan o'r traddodiad eglwysig rwy'n perthyn iddo, ond rhydd i bawb ddewis. Gwisgais un yn achlysurol, oherwydd i mi deimlo ei bod yn gymorth mewn ambell amgylchiad i bobol ddeall beth oedd fy ngwaith, ond ni welais erioed yr angen i'w gwisgo o fewn cylchoedd fy ngweinidogaeth yn lleol. Rwy'n cofio mynd i'w phrynu yn yr unig siop y gwyddwn amdani a oedd yn gwerthu'r fath ddilledyn. Roedd hyn, wrth gwrs, cyn cyfleustra'r rhyngrwyd. Tybiaf erbyn hyn, fel gyda phopeth arall, ei bod yn bosib archebu un dros y we. Cefais ychydig o siom o weld mai dim ond pentyrrau o grysau (hynny yw, crysau dynion, a'r botymau'n croesi go chwith) o liw du, *navy blue* a llwyd oedd ar gael. A phob un o'r rheini â choleri mor llydan fel y gallent fod wedi mynd o amgylch fy ngwddf unwaith a hanner! Yn dilyn ychydig o waith ymchwil, dyma ddod o hyd i gwmni yn Lloegr oedd yn gwneud rhai wedi'u mesur yn arbennig, ac o'r diwedd, cyrhaeddodd y flowsen binc olau ac iddi goler fach wen dwt yn ddiogel drwy'r post.

Rhyfedd sut mae gwisg yn gymaint o destun siarad. Dyna i chi weinyddu mewn priodas. Wiw i mi wisgo rhywbeth blodeuog neu streipiog rhag clasho gyda lliw ffrogiau'r morynion. Ac o ran gweinyddu mewn angladd, does dim cwestiwn ynghylch lliw y wisg ar achlsyur o'r fath, ond rhaid cofio bob amser i gario pâr sbâr o sanau ynghudd rhwng y deyrnged a'r llyfr gwasanaeth – rhag ofn. Teimlo'n gyfforddus, cadw urddas, edrych ar ein gorau, dyna'r nod siŵr o fod, gan dderbyn bod gorau rhai yn wahanol iawn i orau eraill.

Enw

Os yw'r llais a'r wisg yn codi cwestiynau ym meddwl rhai, mae'r hyn y dylent alw'r gweinidog yn destun gofid i eraill! Digon hawdd gyda dyn, sy wastad yn Mr oni bai ei fod yn dymuno'n wahanol. Gall merch fod yn Miss, yn Mrs, neu yn Ms. Wel, cychwynnais fy ngweinidogaeth fel Miss, a bellach rwy'n Mrs ers pymtheg mlynedd, ond ni fu'r naill deitl na'r llall yn broblem gan i mi wahodd pobol i 'ngalw wrth fy enw cyntaf o'r cychwyn. Cytunodd y rhan fwyaf, ond mae gennyf bob cydymdeimlad â'r rhai a welodd hi'n anodd gwneud ar y dechrau, ac ambell un o hyd. Mynnodd un wraig gyfeirio ataf bob tro fel 'Y Parchedig'. Mmm . . . ni allaf ddweud fy mod wedi cynhesu at hyn, ond pawb at y peth y bo.

Mae'r teitl 'Parchedig' wedi cael ei arfer yn yr Eglwys Babyddol a'r Eglwys Anglicanaidd ers yr oesoedd canol, ond pan ddechreuodd Anghydffurfiaeth, gwrthodwyd arfer y teitl ar gyfer y gweinidogion. Yn y gyfres o gyfrolau *Hanes Eglwysi Annibynnol Cymru* gan Thomas Rees a John Thomas, gwelir yn amlwg bod cymysgwch yn yr arfer; cyfeirir at weinidogion y gorffennol fel 'Mr', a'r rhai diweddarach fel 'Parch'. Sylwch nad oes sôn am Miss, Mrs, ac yn sicr nid Ms. Ar ôl i Anghydffurfiaeth ddod yn 'sefydliad' yng Nghymru yn ail hanner y bedwaredd ganrif ar bymtheg fe geisiwyd efelychu'r Eglwys Sefydledig gyda'r capeli mawreddog, tai gweinidogion neu'r mansys anferth, festrïoedd a'r teitl Parchedig. Mae'n siŵr gen i y gwnaiff fy nghyd-weinidogion gytuno â mi wrth imi ddweud bod yr enw Parchedig neu'r talfyriad Parch. ar garden banc neu ar lyfr siec wedi codi ael o ddryswch gydag amryw o siopwyr, ac ambell un wedi bod yn ddigon dewr i dynnu sylw at hynny drwy ddweud, 'There's a strange name.'

Chwarddais yn dawel fach ar fwy nag un achlysur wrth i bobol ddefnyddio'r gair 'bach' i'm cyfarch. 'Shwt y'ch chi, *bach*?' Mater o arfer yw hyn, siŵr o fod, ac arwydd o anwylder i ni'r Cymry. Fe synnech sawl diacon ar hyd y blynyddoedd sydd wedi diolch yn dawel wrth imi estyn y bara neu'r gwin iddo yn y sedd fawr mewn oedfa gymun gyda'r geiriau, 'Diolch, bach'. A beth am y cyfarchiad 'cariad'? Gallaf ddeall pam roedd hyn yn digwydd pan oeddwn yn ferch ifanc yn y weinidogaeth, a phawb yn gwneud eu gorau i'm gwarchod gan fy mod, mae'n siŵr gen i, o ran pryd a gwedd ac o ran aeddfedrwydd, yn edrych fel petawn newydd adael *Form Six*! Ond bellach rwy'n ddwywaith yr oed, yn wraig ac yn fam; ac rwy'n derbyn ambell gyfarchiad fel 'bach' neu 'cariad' yn arwydd, naill ai o anwylder tuag ataf, neu gydymdeimlad â mi! Un peth sy'n sicr, mae i'r cyfarchiad 'cariad' fwy o barch na'r cyfarchiad 'luv' neu 'darling' – ych a fi! Mae clywed ambell weithiwr siop yn cyfarch gwragedd parchus 'aeddfed' sydd o'm blaen yn y ciw fel 'luv' neu 'darling' yn troi fy stumog.

Ond gallaf wella hyd yn oed ar 'darling'! Cefais alwad ffôn gan yr ymgymerwr angladdau lleol un diwrnod a chais caredig i gymryd angladd. Nodais gyfeiriad y tŷ gan sylwi ei fod sawl cod post i ffwrdd oddi wrth ein tŷ ni ac oddi wrth unrhyw gapel hefyd. Caf innau, fel fy nghyd-weinidogion, geisiadau tebyg yn reit aml i wasanaethu mewn angladdau unigolion nad ydynt yn dal cysylltiad â'r eglwysi sydd dan ein gofal, ac yn aml iawn heb ddal cysylltiad ag unrhyw gapel neu eglwys arall chwaith. Cysylltais â'r teulu dros y ffôn i drefnu galw i'w gweld. Wedi cyrraedd y tŷ, gwasgais fotwm gwyn cloch y drws ffrynt yn betrusgar a chlywed effaith ei ganu'n diasbedain drwy'r tŷ. Mae galw i weld teulu galar am y tro cyntaf wedi'r farwolaeth bob amser yn codi ymdeimlad o nerfusrwydd mawr ynof. Dechreuodd fy mola ddawnsio gyda sain y gloch, a chlywais sŵn traed yn agosáu o'r tu draw i'r drws. Agorodd y drws o'm blaen a dyma ŵr tal, mewn siwmper *polo neck* ddu barchus yn sefyll yno, yn ymddangos fel petai'n llenwi'r gwagle lle bu'r drws rai eiliadau ynghynt. Wedi llyncu 'mhoer fwy nag unwaith, dyma nghyflwyno fy hun yn fy Saesneg gorau. Lledaenodd gwên fawr lydan ar drws ei wyneb a daeth y cyfarchiad anfarwol, 'Hello, flower!' *Flower* bues am weddill fy ymwneud ag ef wrth drefnu angladd ei briod annwyl, a phob tro wedi hynny wrth i mi ei weld yn y dref.

Wrth gyrraedd y capel y bore Sul canlynol edrychais yn llawn edmygedd ar luniau'r cwmwl tystion yn crogi ar y mur o'm blaen. Rhai a'u wisgers wedi'u trimo'n berffaith a'u coleri wedi'u startsio'n *origami* gwyn, eraill a'u teis wedi'u clymu'n gwlwm perffaith ar gyfer yr achlysur, a phin drudfawr yn eu cadw'n ddiogel yn eu lle. Syllais yn hir ar y cyntaf ohonynt, yr un a gychwynnodd yr olyniaeth fawr yr wyf wedi cael y fraint fawr o gerdded i mewn iddi heddiw, yn ôl yn y bedwaredd ganrif ar bymtheg. Gallaf ond ddychmygu ei ymateb pe bai rhywun wedi ei alw e'n *flower*! Teflais winc fach gellweirus ato, ac ymlaen â'r oedfa.

Dyna ni, beth bynnag mae rhai'n dymuno fy ngalw, rwy'n eitha siŵr fy mod wedi cael fy ngalw'n waeth pethau ar ryw adeg neu'i gilydd. Mae yna duedd gan rai ym mhob galwedigaeth i feddwl bod gwisg urddasol ac enw yn ddigon i ennill parch eraill, ofnaf fy mod yn anghytuno â hyn. Pe bai hi mor syml â hynny fe fyddai pawb yn y byd 'ma yn dwlu ar ei gilydd. Mae'n cymryd llawer mwy na darn da o frethyn a theitl i ennill parch pobol.

9

Gwraig gweinidog

Wrth groesawu menyw i arwain eglwys, teimlaf ei bod yn rôl gwbwl newydd. Nid oes modd iddi gyflawni gweinidogaeth yn union fel y byddai dyn yn ei wneud. Mae elfennau mewn gweinidogaeth gwraig a gŵr sy'n wahanol i'w gilydd, ond eto yn angenrheidiol i'r gwaith. Ond rhaid cofio nad yw gweinidog sy'n wraig, yn wraig gweinidog, ac ni ddylid cymryd yn ganiataol y dylai ymgymryd â'r ddau gyfrifoldeb. Mewn geiriau eraill, ni all un person fod yn weinidog ac yn wraig gweinidog! Ac yn hyn o beth, gall fod yn anodd iawn i gynulleidfa o bryd i'w gilydd, ac yn eu plith y bobol fwyaf brwd a chefnogol, ddeall bod hon yn rôl newydd sbon nad yw'n ffitio i mewn i'r naill ddelwedd na'r llall.

Yn wyneb y ffaith bod gwragedd wedi cyfrannu'n fawr i waith yr eglwys erioed, o ran eu presenoldeb a'u llafur, llwyddodd nifer fawr o eglwysi i sefydlu cymdeithasau i'r chwiorydd, y chwaeroliaeth, neu gangen i'r chwiorydd, fel sydd gan ambell fudiad cenhadol, ac mae nifer o'r cymdeithasau hyn wedi goroesi hyd heddiw. Bu eu cyfraniad i fywyd eglwysi'n gwlad yn fawr, a'u gwaith yn codi arian i elusennau i'w ganmol, er fy mod yn credu erbyn heddiw y gallant wneud llawer mwy na dim ond cwrdd yn achlysurol. Onid oes digon o faterion yn ymwneud â gwragedd yn codi'n lleol ac yn genedlaethol y mae modd iddynt, fel cymdeithasau ac fel mudiadau, leisio barn yn eu cylch?

Cynhelir cyfarfodydd rhanbarthol o fudiadau chwiorydd, ynghyd ag ambell gyfarfod o fudiadau chwiorydd cenedlaethol, ymhlith ein heglwysi o hyd. Beth bynnag yw'n barn bersonol ynglŷn â chynnal cyfarfodydd i fenywod yn unig yn yr oes fodern hon, rhaid i mi fod yn onest a dweud nad wyf, fel merch yn y weinidogaeth, erioed wedi deall ble rwy'n sefyll pan ddaw'n fater o fynychu cyfarfodydd chwiorydd. Fy ymateb cyntaf yw dweud y byddaf yno; ond rwy'n eitha siŵr na welwyd yr un o'm rhagflaenwyr mewn cyfarfodydd chwiorydd. Pam? Oherwydd mai dynion oeddynt, a'u gwragedd fyddai wedi'u mynychu! Yn ogystal â cheisio osgoi cael fy ethol ar fwy a mwy o bwyllgorau, neu dderbyn mwy eto o gyfrifoldebau gweinyddol, mae un rheswm arall sy'n peri i mi betruso ynghylch eu mynychu, sef ymarferoldeb y peth – mae'r cyfarfodydd fel pe baent i gyd yn digwydd ar yr un pryd, a'r gwahoddiadau i'w hannerch yn rhai mynych, ac yn sugno fy amser. Gwnes gytundeb unfrydol â mi fy hun ar ddechrau fy ngweinidogaeth y byddwn yn mynychu'r cyfarfodydd hyn pe bai'n gyfleus i mi wneud hynny, a pheidio â theimlo dan unrhyw bwysau i fod ym mhob un. Wn ni ddim a fyddai pawb yn cyd-weld.

Ie, gwraig y gweinidog. Hen ddywediad cyfarwydd, ond un braidd yn hy yn fy marn i, yw'r dywediad sy'n awgrymu bod eglwysi wedi llwyddo i ennill 'dau weithiwr am bris un'. Breintiwyd a chyfoethogwyd bywydau capeli ac eglwysi gan waith ac ymroddiad gwragedd gweinidogion ar hyd y blynyddoedd. Rhoesant o'u hamser, eu hegni a'u doniau i gynorthwyo gweinidogaeth eu gwŷr yn ddirwgnach.

Cofiaf fynychu cynhadledd rai blynyddoedd cyn imi gychwyn ar fy ngweinidogaeth, pan oeddwn yn ddim ond ymgeisydd bach eiddil a di-nod, a phenderfynu ymweld â'r lle chwech yn ystod yr egwyl. Wrth gamu allan twy'r drws i'r lle ymolchi, dyma droi a chael arswyd o weld rhes o wragedd gweinidogion yn sefyll yno o 'mlaen i yn aros – pob un yn eu *two-piece* trwsiadus, yn eiddgar i ailosod y powdwr a'r lipstic y bu chwys y gynhadledd ddiwethaf yn gyfrifol am eu diflaniad, a thwtio'u gwalltiau yn y drych – ac roedd amser coffi'n bygwth diflannu a minnau'n sefyll yn y ciw. Teimlais ryw don o ddiffyg hyder yn fy ngoddiweddyd, oherwydd roedd gennyf y fath barch at y ledis yma, a oedd o leiaf ddwy genhedlaeth yn hŷn na mi, ac ni allwn ddod o hyd i eiriau i'w cyfarch. O synhwyro fy lletchwithdod, dyma un ohonynt yn cau'r clip mawr aur ar ei handbag sgleiniog a'i daflu ar ei braich, a chyda'r tyneraf o orchmynion, gafaelodd yn fy llaw a dweud, 'Dewch 'da fi, bach.' Bu'n ddigon caredig i rannu paned â mi, ac wedi un llwnc o goffi melys, teimlais fy hun yn adfywio unwaith eto, fel blodyn wedi cawod o law, ac yn tyfu mewn taldra i'm maint cywir wedi'r fath brofiad. Treuliais weddill y prynhawn yn eistedd yng nghanol y cwmni dethol hynod drwsiadus, a'u gofal ohonof yn fawr.

Bûm yn bugeilio un wraig annwyl y bu ei gŵr yn weinidog uchel ei barch am nifer o flynyddoedd, a hithau wedi rhoi ei bywyd i'w gefnogi yn ei waith. Gan ei bod eisoes mewn gwth o oedran erbyn i mi ddod i'w hadnabod, a chelloedd ei chof wedi dechrau pallu, ni lwyddais i'w hargyhoeddi ar hyd cyfnod fy adnabyddiaeth ohoni, mai'r gweinidog oeddwn i. Fe fyddai bob amser yn fy holi, 'Shwt y'ch chi'n hoffi bod yn wraig gweinidog?'

Gwn yn iawn fod y gwaith wedi bod yn ymdrech fawr i ambell wraig, a hwythau wedi eu gosod mewn sefyllfaoedd anodd. Mae'n debyg iawn i fod yn wraig i wleidydd, am wn i, lle mae disgwyl i'r wraig gefnogi gwaith ei gŵr i raddau mwy neu lai. Rhaid cofio nad pob gwraig gweinidog sy'n hoff o wneud pethau'n gyhoeddus, nad pob gwraig sy'n gerddorol, ac nad pob gwraig sy'n hoff o ymgymryd â chyfrifoldeb arwain neu drefnu. Mentraf ddweud fod yr ymdrech i gwrdd â disgwyliadau'r rôl hon wedi golygu gwaith, ymdrech a gofid i ambell un. Serch hynny, gellir dweud â sicrwydd, ac yn llawn edmygedd, fod bywydau'n heglwysi yn gyfoethocach o lawer oherwydd gwaith gwragedd da a ffyddlon, a phob un yn ystyried y gwaith hwnnw'n fraint fawr, mae'n siŵr. Erbyn heddiw, mae mwyafrif o wragedd gweindogion yn gweithio ac yn dilyn eu gyrfaoedd eu hunain, ac er eu bod yn hynod o weithgar yn yr eglwys, ac yn gefn mawr i'w gwŷr, tybed a ydy disgwyliadau'n cynulleidfaoedd ohonynt wedi newid?

Agorwyd pennod newydd arall wrth i Philip, fy ngŵr, a minnau briodi; yntau a'i deulu'n aelodau ffyddlon yn yr eglwys a oedd dan fy ngofal, a'r gynulleidfa'n llawen iawn eu bod wedi llwyddo i fod yn gyfrwng i ddwyn y ddau ohonom at ein gilydd. Trwy'r briodas, crëwyd rôl newydd arall ym mywyd yr eglwys leol honno, sef gŵr gweinidog. Un peth sy'n sicr, nid yw'r un disgwyliadau yn perthyn i ŵr gweinidog ag sydd i wraig gweinidog!

Ni theimlodd Philip erioed o dan bwysau i ymgymryd â chyfrifoldebau yn yr eglwys, ac ar hyd blynyddoedd ein priodas, ni theimlodd unwaith fod unrhyw un yn cymryd yn ganiataol ei fod am wneud gwaith yn yr eglwys. Gwna ei gyfraniad yn ffyddlon, yn ôl ei ddymuniad a'i awydd ei hun, ac o fewn terfynau ei allu a'i ddawn. Yn ogystal â'i ffyddlondeb o'i wirfodd ei hun, mae ei gyfraniad mwyaf i fywyd yr eglwys yn ei gefnogaeth i'm gweinidogaeth innau. Nid yw hynny'n golygu ei fod yn ymgymryd â sefyllfa amlwg o arweinyddiaeth, yn hytrach gwelir ei gyfraniad a'i ymroddiad mewn ffyrdd llai amlwg efallai ond llawn mor werthfawr ac mae e'n barod iawn i rannu ein bywyd teuluol â chymaint o bobol eraill. Gwyn ein byd.

Pregethu

Beth bynnag yw arferion, traddodiadau a threfn enwadau, undebau ac eglwysi, rhaid cydnabod felly nad pawb, am amrywiaeth o resymau, sy'n gwbwl gartrefol gyda'r syniad o gael menyw yn y pulpud. Neu efallai y dylwn aralleirio'r gosodiad hwnnw – nid pawb sy'n cael eu denu at y syniad o gael menyw yn weinidog. Teimla rhai'n ddigon hapus i wahodd menyw i bregethu ar y Sul, ond mater arall, a chwbwl wahanol, yw estyn galwad iddi, a byw yn ei chwmni fel bugail ac arweinydd.

Tybed a yw cynulleidfa, wrth wahodd menyw i bregethu, yn sylweddoli ei bod, trwy'r gwahoddiad a'r croeso, wedi gofyn i'r fenyw gyflawni braint fwyaf y

weinidogaeth Gristnogol, sef pregethu Gair Duw? Mae
gweddill y gwaith yn cael ei gyflawni yng ngoleuni'r Gair.
Er pwysiced yw elfen fugeiliol y gwaith, teimlaf na ddylai'r
elfen honno gael blaenoriaeth ar bregethu ac arwain yr
addoliad. Gogoniant y wedd fugeiliol yw cyfle i ddod i
nabod y praidd, ac wrth ddod i'w nabod, dod i wybod
am eu hanghenion, er mwyn ceisio cwrdd â'r anghenion
hynny wrth addoli. Ond y flaenoriaeth yw'r pregethu.
Felly, wrth wahodd menyw i bregethu, rhoddwyd y fraint
fwyaf i'r fenyw honno eisoes.

Mewn geiriau eraill, geiriau nad ydynt yn delynegol o
bell ffordd – ac ymddiheuraf am hynny – y gwirionedd
amdani yw hyn: os yw cynulleidfa'n gweld bod menyw yn
ddigon da i bregethu ar y Sul, fe ddylai fod yn ddigon da
hefyd i gyflawni holl gyfrifoldebau eraill y weinidogaeth
Gristnogol. Ni ddylid manteisio ar ddoniau cyhoeddus yr
un fenyw heb fod yn barod i roi iddi gyfle i gyflawni holl
ofynion eraill y gwaith y galwyd hi iddo.

Annwyl Syr

'Strange fellow' ydy'r gweinidog, 'who's life is a string of
Sundays' oedd y deyrnged ardderchog a dalwyd i un o'm
cyd-weinidogion benywaidd. Hen jôc – a phawb yn credu
mai nhw yw'r cyntaf i'w dweud hi, a ninnau'n gorfod
chwerthin bob tro fel petaem wedi ei chlywed am y tro
cyntaf – yw'r un sy'n honni bod gweinidog yn gweithio
ar y Sul yn unig. Mwy doniol fyth yw'r gair 'fellow'. Ie,
os yw'r ddelwedd o fenyw yn y weinidogaeth yn un sy'n

newydd i'n cynulleidfaoedd, mae'n ymddangos ei bod
yn fwy newydd fyth y tu allan i'r eglwys. Rhyfedd mewn
gwirionedd, pan ydym heddiw yn hen gyfarwydd â gweld
merched yn mentro i bob math o feysydd. Wedi dweud
hynny, cefais agoriad llygad beth amser yn ôl pan ddaeth
merch ifanc o'r cwmni nwy i drwsio'n bwyler ni. Daeth
yn ei hofyrôls, gan gario'i bocs tŵls, ac roedd ei gweld yn
tynnu perfedd ein bwyler yn ddarnau'n ddigon o ryfeddod.
Do, cefais syndod o'i gweld wrth y drws. Felly, pwy ydw
i i gwestiynu pam mae pobol yn dal i synnu wrth weld
merched yn y weinidogaeth? Mae'n rhan o'r natur ddynol,
ac yn dal i fod yn destun syndod, a hynny yn y cylchoedd
mwyaf annisgwyl.

Daeth un o deulu brenhinol Lloegr i'r ardal beth amser
yn ôl. Wedi gwrthod y gwahoddiad swyddogol swanc
i fynychu'r achlysur, a hynny am resymau personol,
penderfynais ymbresenoli fy hun yn y digwyddiad er
mwyn cefnogi'r gymuned leol, yn enwedig yr ysgol
leol sydd â pherthynas agos â'r eglwys sydd dan fy
ngofal, a hynny drwy gynorthwyo i warchod 70 o
ddisgyblion. Yn anffodus, aeth fy nghynllun o'i le braidd
– *backfired* yw'r term Saesneg amdano – wrth imi gael fy
nghyflwyno'n bersonol i'r ymwelydd brenhinol, tra oedd
y gwahoddedigion eraill yn sefyll yn y cefndir yn gweld
digrifwch y sefyllfa. Byddwn wedi tynnu llai o sylw i'm
hunan pe bawn wedi derbyn y gwahoddiad swyddogol,
a llai o lawer pe bawn wedi aros gartref. Ta waeth, wrth
iddo estyn ei law ataf a chlywed yn y cyflwyniad gor-
hael mai gweinidog oeddwn i, ymatebodd trwy ddweud
yn anghrediniol, 'You? A Minster? Good God!' Druan

ohono, roedd y wybodaeth yn ormod iddo, mae'n siŵr – ac ni fu'n mwynhau'r iechyd gorau ers yr ymweliad hwnnw chwaith.

Cael fy nghyflwyno i'r gŵr bonheddig fu fy hanes ar y diwrnod chwedlonol hwnnw, ond gan amlaf caf fy hunan, fel sawl un arall, mewn sefyllfa lle mae angen i mi gyflwyno fy hun – ac nid yw hynny'n dasg hawdd yn fy mhrofiad i. Rwyf yn aml yn teimlo fy nghalon yn rasio wrth esbonio mai gweinidog ydw i, er mawr gywilydd i mi. Nid yw fy ngwaith yn peri embaras i mi o gwbwl – i'r gwrthwyneb, rwy'n ei garu a'i barchu yn fawr iawn, ac yn diolch bob dydd am gael fy ngalw iddo – ond mae ceisio esbonio'i natur i eraill yn dasg na ddaeth yn hawdd i mi erioed. A daw'r angen i'w esbonio yn amlach yn awr nag erioed. O'r braidd mae'r ateb 'gweinidog' yn bodloni chwilfrydedd yr holwr, yn enwedig pan ddaw'r ateb o enau merch. Rwyf wedi teimlo'n hynod o siomedig â mi fy hun ar sawl achlysur yn y gorffennol, ac ni allaf fod yn siŵr na ddaw achlysuron tebyg yn y dyfodol hefyd, pan mae diffyg gwroldeb, maddeuwch y defnydd o'r gair, wedi fy llethu'n llwyr.

Sylweddolais hyn yn fuan iawn yn fy ngweinidogaeth wrth chwilio am rywle i fyw am y tro cyntaf. Yn wyneb y ffaith na fûm i erioed, na'r teulu chwaith, yn byw mewn mans, neu dŷ gweinidog, sef tŷ sy'n eiddo i'r capel ac a gynigir i weinidog i fyw ynddo yn ystod cyfnod ei weinidogaeth, rydym wedi'n hwynebu fwy nag unwaith â'r artaith o orfod prynu a gwerthu tai. Dyma un o brofiadau mwyaf *stressful* bywyd fel y gŵyr llawer ohonom. Cytunaf yn llwyr â hyn. Wrth chwilio am gartref newydd i'w brynu ar un adeg, a chrwydro o dŷ i dŷ, a phob tŷ yn disgyn yn brin iawn o'r manylion deniadol ar daflen yr asiantaeth dai, o'r diwedd dyma ddod o hyd i dŷ y tybiwn a fyddai'n fy siwtio i'r dim. Yno yn fy nisgwyl oedd dyn canol oed, a chyn i mi gamu'n iawn o'r portsh i'r pasej, dyma fe'n fy holi, 'What's a young girl like you doin' movin' to a town like this?' Oni bai fy mod eisoes wedi derbyn galwad oddi wrth yr eglwys leol ac wedi addo cychwyn ar fy ngwaith mewn ychydig fisoedd, rwy'n amau y byddwn wedi rhedeg o 'na'n go gloi, gan i mi gael y fath fraw. Cyn i mi gael cyfle i gael fy ngwynt ataf, ychwanegodd yr holwr pryfoclyd, 'Comin' to work in Dow Cornin' are you?' Dow Corning yw'r gwaith olew enfawr yn y dociau lleol. Ymatebais 'Yes' cyn ymddiheuro iddo nad oeddwn yn credu fod ei dŷ'n addas wedi'r cwbwl, a chamu mas o'r pasej mor gyflym ag y camais i mewn iddo. Nid yw esbonio fy ngwaith erioed wedi dod yn hawdd i mi. Wn ni ddim pam, ond efallai fy mod yn ofni ymateb pobol eraill, neu'n ofni gweld y syndod ar eu hwynebau.

Does dim rhaid dod wyneb yn wyneb â phobol er mwyn synhwyro'u syndod! Fe fydd y ffôn yn canu'n aml yn ein tŷ ni a rhyw lais bach ar ben draw'r lein yn gofyn yn garedig am gael siarad â Reverend James. 'Speaking,' meddwn i. Yna daw'r cyfnod arferol o ddistawrwydd, pesychiad, cyn i'r sawl sy'n galw lyncu ei eiriau mewn môr o ymddiheurad gan iddo gymryd yn ganiataol mai dyn oedd y 'Rev'! Felly hefyd filiau'r tŷ sy'n dal i ddweud *Dear Sir*, hyd yn oed, yn achos ambell weinidog benywaidd sydd wedi byw yn y mans ar hyd ei gyrfa.

... os gwelwch yn dda

Un o freintiau mawr y weinidogaeth Gristnogol fel rwyf
eisoes wedi'i chrybwyll yw bod yng nghwmni pobol
ar adegau o argyfwng, gofid a blinder yn eu bywydau.
Golyga hyn ymweliadau cyson ag aelodau sy'n treulio
cyfnodau mewn ysbytai. Prysuraf i ddweud nad yw pob
ymweliad ag ysbyty yn arwain at argyfwng, ond yn aml
at adferiad iechyd, ond wedi dweud hynny, beth bynnag
yw'r clefyd, ac amgylchiadau'r claf, yr un yw'r cyfrifoldeb
wrth fugeilio. Nid yw ymweld ag ysbyty yn dod yn hawdd
i bawb. Teimlaf fod doniau arbennig gan bob gweinidog, a
bod, o bosib, arbenigedd oddi mewn i'r weinidogaeth. Un
o'r doniau arbennig hynny yw'r ddawn o fedru bugeilio
mewn ysbytai. Rwy'n llawn edmygedd o'r gweinidogion
hynny sydd wedi eu donio i fod yn gaplaniaid ysbytai, a
chanddynt rôl fugeiliol barhaol ym mhob ward bob dydd, a
phob awr o'r dydd. I'r gweddill ohonom, mae'n gyfrifoldeb
ac yn fraint i ymweld â'n pobol yn eu cystudd a'u gwendid
yn ôl y galw.

Wn ni ddim a yw'n rheol neu'n arfer da bod gan
weinidogion yr hawl i ymweld â chleifion y tu allan i oriau
arferol ymweld. Teimlais erioed fod yn rhaid wrth damaid
bach o synnwyr cyffredin, a cheisio cadw'n glir o'r wardiau
wrth i'r meddygon ymweld, neu amser bwyd. Nid wyf
chwaith erioed wedi martsio i mewn i ward o gleifion y
tu allan i oriau ymweld heb ofyn caniatâd un o'r nyrsus
yn gyntaf, sy'n weithred arall na ddaw yn hawdd i mi. A
dweud y gwir, caf fy nhemtio bob yn awr ac yn y man i
droi ar fy sawdl a dianc o'r lle yn reit handi yn hytrach

na gofyn caniatâd. O'm gweld yn pwyso fel postyn lein ddillad o syth yn erbyn wal y ward, a'r wal yn edrych fel pe bai'n fy nal i fyny, fe ddaw rhyw nyrs ataf gan amla, a gofyn yn garedig a yw'n gallu fy helpu. Fel arfer mae modd i mi synhwyro o dymheredd y sgwrs efallai y byddai'n well i mi alw'n ôl mewn hanner awr. Prin iawn yw'r adegau y cafodd mynediad ei wrthod yn llwyr i mi, ond fe gwestiynwyd fy ngwaith fwy nag unwaith. Nid yn gymaint mewn ysbytai lleol, gan fod llawer o'r staff yn fy adnabod erbyn hyn, ond efallai mewn ysbytai mwy eu maint yn ninasoedd a threfi poblog ein gwlad.

Cyrhaeddais un ward rywdro ar ôl taith gerdded hir a chymhleth drwy rwydwaith coridorau'r ysbyty. Rwyf wastad wedi credu bod rhaid i chi fod yn iach iawn er mwyn ymweld ag ambell ward, gymaint yw hyd y daith i'w chyrraedd! Roedd fy 'nhu mewns' – term a fathwyd gan un o'n plant i ddisgrifio'r stumog a phopeth arall cysylltiedig – erbyn hyn yn dechrau canu mewn corws o nerfau. Llusgais fy nhraed anfodlon tuag at y ddesg, a chan garthu fy ngwddf, gofynnais yn garedig am gael gweld Mrs Bechingalw. Daeth yr ateb nad oedd unrhyw un o'r enw hwnnw ar y ward. Gwyddwn yn iawn ei bod hi yno, ond pwy oeddwn i i ddadlau? Rhaid bod ganddi enw arall. Yn fy mhanig, bodiais mor gyflym â phosib drwy gatalog dychmygol y cof, a chofio enw cyntaf y wraig. Mentrais ddefnyddio'r enw, ac ymatebodd y nyrs â gwên bositif. Teimlais fy mhoer yn gwlychu fy ngheg sych, a diolchais fod y broses hon drosodd unwaith eto, ond yna clywais osodiad a sychodd fy mhoer eto fyth. 'Visiting time isn't till 3 o'clock. Come back then.' Ni allwn fynd yn ôl mewn dwyawr ar y diwrnod hwnnw a gofynnais yn garedig, rhwng gwrid a gwên, a fyddai modd rhoi gwybod i Mrs Bechingalw fod ei gweinidog wedi galw heibio i'w gweld. 'Minister? Where is he?' Roedd llanw'r gwrid wedi codi cymaint erbyn hyn nes iddo fod mewn perygl o foddi fy wyneb yn llwyr. A chyhyrau fy ngwddf wedi tynhau, fy nhonsils bron â throi wyneb i waered, a thannau fy llais yn cael trafferth i blycio'r un nodyn, fe wasgais y geiriau syfrdanol ohonynt yn dawel, 'I'm right here.' Cydiodd haint gynhyrfus yn y nyrs druan, a dechreuodd chwerthin fel peiriant coffi y tu ôl i gownter Sidolis, cyn mynd ati i'm hysbysu'n garedig, 'But you're a woman!' A'm gwrid bellach wedi lledaenu i'w hwyneb hithau hefyd, derbyniais ei hymddiheuriad ac fe'm croesawyd i'r ward. Cyrhaeddais wely Mrs Bechingalw'n ddiogel, a hynny y tu allan i'r oriau ymweld swyddogol. Wedi gorfod mynd trwy'r fath rigmarôl, rwy'n credu bod gwell golwg ar Mrs Bechingalw nag arna i.

'You're a woman.' Mae'n syndod sawl person sydd wedi fy hysbysu o'r ffaith honno, a minnau wedi bod yn ymwybodol o hynny ers dros ddeugain mlynedd! Ie, *strange fellow* ydy'r gweinidog!

10

Un teulu mawr

Gŵyr pob gweinidog ei bod hi, neu ef, wrth gael ei
sefydlu mewn eglwys, yn camu i mewn i olyniaeth
dda a ffyddlon o weinidogion fu'n gweithio'n ddiwyd
i adeiladu'r eglwys honno dros y blynyddoedd, os nad
canrifoedd. Mae hynny'n sicr yn wir am weinidogion
y pedair eglwys rwyf wedi cael y pleser o wasanaethu
ynddynt ac yn parhau i wasanaethu ynddynt – gynt ym
Mro Morgannwg a bellach yn Sir Gaerfyrddin.

Sefydlwyd tair o'r eglwysi hyn yn ôl yng nghanol y
bedwaredd ganrif ar bymtheg, a'r bedwaredd eglwys, sef
capel Bancyfelin, mor bell yn ôl ag 1751. Bendithiwyd
yr eglwysi â gweinidogaeth ddi-dor ar hyd blynyddoedd
hir eu tystiolaeth; ambell weinidog yn ŵr priod â theulu,
eraill yn sengl, a phob un ohonynt wedi ennill parch eu
pobol. Ond dyma brofi eu hysbryd mentrus yn nyfodiad eu
gweinidog newydd, a oedd nid yn unig yn ferch, ond hefyd
yn wraig ac yn fam.

Nid felly y bu yn hanes y Tabernacl, yn y Barri, yr
eglwys gyntaf a fu dan fy ngofal. Es yno ar fy mhen fy
hun a dod oddi yno, wyth mlynedd yn ddiweddarach, yn
un o bedwar, wedi priodi a chael dau o blant. Ac yna yn
fy ngofalaeth eglwysi presennol, dyma landio arnynt – fel
teulu!

Teulu'r mans!

Teulu digon gwyllt eu golwg, yn ecsentrig ac od eu hanian, oedd y teulu a bortreadwyd yn y gyfres deledu *Teulu'r Mans* a ymddangosodd ar ein sgriniau yn ôl yn yr wythdegau a'r nawdegau. Cyfres, er gwell neu er gwaeth, a ddaeth â gwên i wyneb y gwylwyr wrth ddangos giamocs teulu gwallgo'r Parchedig John Stradey Jones, neu J. S. i'w ffrindiau, ar ddiwedd y chwedegau. Er bod rhai'n credu efallai, bod lle i amau doethineb a synnwyr cyffredin eu gweinidog ar adegau, hoffwn feddwl nad ydynt yn cymharu'n teulu ni â theulu digon gwirion *Teulu'r Mans*, a gobeithio'n wir na seiliwyd y portread o'r teulu hwnnw ar fywyd teulu unrhyw fans arall chwaith.

Nid yw'r uned deuluol ar ein haelwyd ni'n wahanol iawn i unrhyw uned deuluol arall yn yr unfed ganrif ar hugain. Caf fy holi yn aml sut y dof i ben â magu teulu yn ogystal â gweinidogaethu. Ond onid yw pob teulu ifanc mewn sefyllfa debyg heddiw? Prin iawn yw'r teuluoedd rwyf yn eu hadnabod lle nad yw'r tad a'r fam yn gweithio'n llawn amser. Ar ben awydd dynion a menywod i ddilyn gyrfaoedd, mae costau byw'n golygu nad oes dewis gan lawer ond sicrhau gwaith i'r ddau riant. A dweud y gwir, yn yr hinsawdd economaidd bresennol, a chanran diweithdra'n rhy uchel o lawer, mae'r sawl sy'n llwyddo i sicrhau a chadw gwaith yn bobol freintiedig iawn. Fel un a fagwyd mewn cwm a churiadau byrlymus diwydiannau amrywiol yn galon i'w fywyd, gwn o brofiad gymaint o effaith y gall diweithdra a'r bygythiad o ddiweithdra ei chael ar fywyd teuluol, ac ar ysbryd cymuned gyfan, heb sôn am y gofid am gynhaliaeth ariannol. Yn hyn o beth, ni welaf, ac ni welais erioed fod ein teulu ni yn wahanol i unrhyw deulu arall.

Yn ogystal â rwtîn da gartref a chefnogaeth y teulu estyngedig, fe deimlwn ni'n dau fel rhieni fod cefnogaeth a chydymdeimlad yr eglwysi i'n sefyllfa deuluol ni wedi bod yn allweddol. Gan mai un sy'n gwasanaethu yw gweinidog, mae'n bosibl iddo cael ei alw ar unrhyw awr o'r dydd neu'r nos. Gall hyn fod yn anodd ar adegau gyda chyfrifoldebau teuluol ar yr aelwyd, ond prin iawn yw'r adegau pan nad wyf wedi llwyddo i ollwng popeth a mynd. Ar adegau eraill, a minnau'n teimlo ychydig bach yn rhwystredig nad wyf yn gallu ymateb yn ôl yr angen, cysur, yn wir calondid mawr, yw clywed y llais ar ben draw'r ffôn yn fy annog yn dyner i alw 'pan fydd hi'n gyfleus' neu 'pan fyddwch yn rhydd'. Maent yn gwybod yn dda y byddaf yno ar y cyfle cyntaf, er nad yw'r cyfle cyntaf hwnnw bob amser yn golygu o fewn y chwarter awr nesaf. Ond yn rhyfedd iawn, daw'r galwadau gan amlaf pan fyddaf *yn* rhydd i fynd. Rhyfedd iawn yn wir.

Ym mhob priodas a pherthynas mae'n rhaid cydweithio, ac mae hynny'n wir hefyd yn y briodas rhwng gweinidog ac eglwys. Adeiladu perthynas dda yn seiliedig ar ymddiriedaeth yw'r nod. Aberthu ambell beth er mwyn ein gilydd. Rwy'n siŵr y byddai'r rhan fwyaf o weinidogion yn cytuno bod y weinidogaeth yn cyffwrdd â bywyd y teulu, a bywyd y teulu yn cyffwrdd â bywyd yr eglwys. Mae fy nheulu nid yn unig yn rhan o'm gweinidogaeth, yn wir mae'n ei chyfoethogi, a hynny heb yn wybod iddynt. Gweinidog oeddwn pan briododd Philip a fi, a gweinidog oeddwn pan anwyd y plant, felly does yr un ohonom yn gwybod am fywyd gwahanol. Efallai bod ein sefyllfa deuluol yn ymddangos yn rhyfedd i eraill sy'n edrych arnom o'r tu fas, ond gallaf eich sicrhau chi, ei bod yn normal i ni. Gallaf feddwl am amryw o sefyllfaoedd teuluol eraill mae nifer o'n cyfeillion yn byw ynddynt o ddydd i ddydd trwy ddilyn gyrfaoedd eraill, sy'n ymddangos yr un mor rhyfedd i mi ag y mae ein sefyllfa deuluol ni iddyn nhw siŵr o fod. Mae'r hyn sy'n normal i ni yn wahanol i eraill, a'u normal nhw yn wahanol i ni. Ac fel yna ddylai hi fod.

Nid tasg ddymunol bob amser yw gorfod aildrefnu ambell beth o fewn y teulu er mwyn cwrdd â gofynion sefyllfa sy'n codi yn un o'r eglwysi, ond nid yw'n amhosib gydag ychydig bach o gydweithio. Felly hefyd geisiadau i'r eglwys newid ambell beth i gwrdd â'n hanghenion ni fel teulu, a dyw hynny ddim yn amhosib chwaith. Newid amseriad ambell gyfarfod gyda'r hwyr o chwech o'r gloch er enghraifft. Gŵyr pawb sydd wedi magu plant bach nad rhwng pedwar a chwech o'r gloch yr hwyr yw'r adeg orau o'r dydd i fedru gollwng popeth a mynd. Rhwng bwyd, bath a blinder, gallaf yn hawdd ddod o hyd i derm digon lliwgar i ddisgrifio'r ddwy awr rhwng diwedd ysgol a gwisgo pyjamas i fynd am y gwely, ond gwell i mi atal rhag dweud. Ac wrth i'r plant dyfu'n hŷn, daw galw am wasanaeth tacsi parhaol ar ddiwedd y prynhawn, Philip a fi, yn union fel rhieni eraill, yn codi llaw ar ein gilydd wrth i'n ceir wibio i gyfeiriadau gwahanol, gyda'r offerynnau cerdd neu geiriau'r gân, y stand cerddoriaeth – sy'n gymhleth i'w dadwneud – neu'r *leotard*, y cit chwaraeon

neu'r ffon hoci, y sgidie bale neu'r clocs pren yn aros eu tro
yn amyneddgar ym mŵt y car. Yn wyneb y ffaith nad oes
sôn am git rygbi neu bêl-droed, fe fyddwch yn siŵr o fod
wedi sylweddoli erbyn hyn mai merched sydd gennym.
Dwy ohonynt. Nid nad oes dim o'i le mewn merched yn
cicio pêl-droed neu'n taclo ar gae rygbi, wrth gwrs, ond nid
yw hynny erioed wedi apelio yn ei tŷ ni. Digon iddynt ill
dwy oedd cael eu mam yn mentro i fyd y dynion.

Fel ym mhob cartref, mae diwedd prynhawn a brig y
nos yn medru bod yn gyfnod bishi iawn. Ychwanegwch
hefyd swper i gwrdd ag anghenion corfforol y plantos
llwglyd, clust dda ac ystyriol o amgylch y bwrdd i wrando
ar hanes y dydd, talp go dda o waith cartref, sŵn y ffôn
yn canu unwaith neu ddwy gan neidio o'i grud, a'r ffôn
symudol yn crynu ac yn neidio wrth dderbyn neges destun
arall . . . Ie . . . tybed a oes modd symud y cwrdd diaconiaid
ymlaen i saith o'r gloch, os gwelwch yn dda? Ar ôl amser
bath? O ie, fy nhro innau yw darllen stori heno. Neu hyd
yn oed hanner awr wedi saith? Oes? Diolch o galon.

Gadewch i blant bychain

Daeth yn amser i ddweud wrth yr eglwys ein bod yn
disgwyl ein plentyn cyntaf. O diar . . . Sut oedd gwneud
hynny? Wedi'r cwbwl, nid oes llawer o weinidogion wedi
bod yn y sefyllfa hon o'r blaen. Roedd yn agosáu at fis
Awst, ac yn unol â'n harfer, fe fyddem yn cymryd mis Awst
i ffwrdd yn llwyr ar gyfer ein gwyliau haf. Penderfynodd
y ddau ohonom mai dyma oedd yr amser iawn i bawb

gael gwybod. Er da neu er drwg, rhoddais wybod i un o'm diaconiaid – gwraig – a gofyn yn garedig iddi hithau ddweud wrth y gynulleidfa ar ôl yr oedfa ar fore Sul cyntaf Awst. Roeddem ni'n dau'n teithio i'r gogledd ar gyfer wythnos o wyliau y bore Sul hwnnw ac yn edrych ar ein watsh bob deng munud. Erbyn hanner awr wedi un ar ddeg, a minnau'n siŵr bod yr oedfa drosodd a phawb wedi dychwelyd adref, dyma stopio'r car ym Metws-y-coed i ffonio o giosg ar ochr hewl. Cadarnhawyd fod y newyddion wedi mynd ar led, a phawb wrth eu bodd. Whiw! Byddaf yn gyrru drwy Fetws-y-coed o bryd i'w gilydd, a daw gwên i'm hwyneb bob tro y gwelaf y ciosg hwnnw. Dim ond ef a mi sy'n gwybod am yr alwad a wnaed yno, yr holl flynyddoedd hynny yn ôl.

Wedi dychwelyd adref o'r gwyliau a derbyn llongyfarchiadau a dymuniadau gorau'r aelodau, cyfaddefais wrth un fy mod yn ei chael hi'n anodd gwybod sut i ddweud wrth bawb fy mod yn feichiog. Daeth yr ateb: 'Ydych chi'n credu ei bod hi'n hawdd i *ni* ddweud bod ein *gweinidog* yn disgwyl babi?' Wel, feddyliais i ddim am hynny.

Dyma fynd ati i drefnu cyfnod mamolaeth, a dysgu nad oedd canllawiau gan yr Undeb ar gyfer sefyllfa fel hon. O'r braidd y bu achos i'w gael cyn hynny. Nid oedd sôn am gyfnod mamolaeth yn amodau'r alwad wreiddiol garedig a dderbyniais i weinidogaethu yn yr eglwys. Roeddwn yn sengl ar y pryd, ond fe briodais, yndo? A dweud y gwir, nid wyf yn credu bod cyfeiriad at gyfnod o'i fath yn nhestun yr un alwad i mi ei gweld erioed, ond rhoddwyd trefn ar bopeth yn ddigon didrafferth. Ac er mwyn sicrhau bod yr eglwys wedi perffeithio'r protocol newydd, rhoddwyd ail gyfle iddynt ymhen dwy flynedd gyda dyfodiad ein hail blentyn! Erbyn heddiw, caniateir cyfnodau tadolaeth yn ogystal â mamolaeth ar gyfer gweinidogion.

Bu bod yn weinidog beichiog yn brofiad hynod. Roedd ymateb pobol i'm sefyllfa yn gymysgwch o ryfeddod, syndod ac angrhediniaeth lwyr ar adegau. Roedd gweld ymateb ambell un yn hilariws. Pe bai'r 'ffeirad chwedlonol Geraldine Granger yn *The Vicar of Dibley* wedi cael cyfle i ddisgwyl babi yn hytrach na dod â'r gyfres i ben gyda'i phriodas, wn ni ddim beth na fyddai'r sgriptwyr wedi gallu'i sgrifennu i mewn i'r stori!

Roedd mynychu'r clinig wythnosol yn brofiad ynddo'i hun. Er imi ofyn fwy nag unwaith i'r wraig gron a charedig y tu ôl i'r ddesg fy ngalw, pan ddeuai fy nhro, naill ai wrth fy enw cyntaf, neu yn Mrs James, mynnai weiddi ar dop ei llais, 'Reverend James? Next.' Codai pob pâr o lygaid oddi ar dudalennau ôl-rifynnau *Woman's Weekly* a *Reader's Digest* lle buont ers peth amser yn mwynhau brawddegau difyr erthyglau llawn clecs yn awchus, a throi i chwilio'n chwilfrydig am berchennog yr enw annhebygol. Taflwn wên o amgylch yr ystafell wrth godi ar fy nhraed a chamu'n gyflym ar ei thraws a mas o'r golwg, gan adael fy nghyd-feichiogwragedd yn syllu ar ei gilydd cyn claddu eu trwynau unwaith yn rhagor yn eu cylchgronau, er mwyn mwynhau'r colofnau problemau. Wn ni ddim sut yn y byd roedd lefel fy mhwysedd gwaed yn plesio'r nyrs yn ystod yr ymweliadau wythnosol hyn â'r clinig.

Fel pob darpar fam, gwnes fy ngorau i gyflawni fy ngwaith hyd eithaf fy ngallu yn ystod y misoedd hyn. Roedd unigolion o'r byd meddygol yn eistedd o'm blaen bob Sul ac yn cadw llygad barcud ar eu gweinidog. Soniais eisoes fy mod yn un sydd yn sefyll ar fy nhraed drwy'r oedfa, a chefais orchymyn yn y cyfnod hwn gan un nyrs yn fy nghynulleidfa i eistedd yn ystod canu'r emynau neu fe fyddwn wedi cwympo erbyn diwedd y bregeth. Teimlwn ei llygaid yn serio arnaf o'i sedd pe na bawn yn ufuddhau! Pregethu ar y Sul, arwain cyrddau wythnos, ymweld ag aelodau, mynychu achlysuron yn y gymuned a hefyd ysgwyddo fy nghyfrifoldeb fel un o dîm o weinidogion ac offeiriadon y dref wrth wasanaethu mewn angladdau unigolion y tu allan i gylch yr eglwysi dan ein gofal. Wn ni ddim am aelodau'r eglwys, ond rwy'n eitha sicr bod yr ymgymerwr yn falch iawn fy mod, ychydig ddiwrnodau cyn geni ein plentyn cyntaf, wedi cymryd yr angladd olaf ac yn cychwyn ar gyfnod mamolaeth. Camais allan o'r amlosgfa leol y diwrnod hwnnw ac eistedd yn anesmwyth yn ei gar. Ochneidiodd yr ymgymerwr a dweud mewn llais llawn consýrn, 'Now go home, and *stay* home.' Rwy'n credu efallai i mi fod yn ormod o gyfrifoldeb iddo erbyn hynny, druan.

Ond yn ystod y misoedd yn arwain at eni ein baban cyntaf, roedd galwadau'r weinidogaeth yn parhau, a minnau, fel eraill, yn cael fy ngalw at deuluoedd amrywiol, mewn amrywiaeth o sefyllfaoedd ac mewn sawl ardal. Nid wyf erioed wedi ystyried hyn yn faich, oherwydd bod creu cysylltiadau newydd bob amser yn werthfawr, a chynnal rhwydwaith cymuned yn beth pwysig i mi. Teimlaf fod gennym fel gweinidogion ofal bugeiliol dros bawb ac nid dim ond ein pobol ein hunain. Mae hyn yn wir hefyd am ymweliadau ag ysgolion a sefydliadau tebyg. Rwyf wastad wedi ystyried bod ymweliadau felly yn rhan o'm gweinidogaeth.

Cefais fy ngalw un diwrnod i ardal o'r dref na fyddwn fel arfer yn ymweld â hi. Yn wir, nid oedd gennyf yr un aelod o'm heglwys yn byw yn agos i'r ardal hon. Gyrrais ar hyd yr hewl yn bwyllog gan chwilio am rif y tŷ, a chan godi llaw i ymddiheuro i'r David Beckhams ifanc, a oedd wedi troi darn o'r stryd yn Wembley dros dro, am dorri ar draws eu gêm. Llywiais y car yn ofalus rhwng pyst y gôl symudol bregus gan sylwi ar wynebau'r ddau dîm a oedd yn amlwg yn gadarn eu hymrwymiad i'w gilydd.

Neidiodd rhif y tŷ allan ataf rhwng y gic gornel a'r gôl. Roedd lle ar yr hewl o'i flaen, yn union fel pe bai wedi ei gadw'n arbennig i mi gael parcio'r car. Camais o'r car i'r pafin a chau drws y car yn glep ar fy ôl, ac aeth erwau Wembley yn hanner amser o dawel wrth imi gerdded tuag at y tŷ.

Yno'n fy nisgwyl ar y stepyn drws, yn union fel pe bai wedi derbyn neges yn dweud fy mod ar y ffordd, roedd gŵr tenau, main ei olwg, yn dal sigarét a'i fwg yn rhubanu rhwng ei fysedd melyn ac yn creu patrymau uwch ei ben. Pesychodd besychiad llawn tobaco fel arwydd o groeso. Wedi i mi ymddiheruo na chyrhaeddais ynghynt gan i mi gael trafferth dod o hyd i'r tŷ, chwarddodd gymaint nes imi glywed y swigod tar yn byrlymu o waelod ei ysgyfaint. Pwyntiodd at ddrws ffrynt y cartref, ac fe'i dilynais. Yno'n fy nisgwyl roedd llond stafell fyw o bobol o bob oed, yn berthnasau, yn gymdogion a ffrindiau. Dyma weld cynhaliaeth gymuned ar ei gorau. Byddaf yn dod ar draws clasau neu gymunedau tebyg o hyd, pobol yn troi mewn cylchoedd cwbwl wahanol i mi, pobol heb fawr yn gyffredin â mi mewn gwirionedd, na minnau â nhw, ac eto gwelaf fod yno gefnogaeth a gofal bugeiliol rhyfeddol o annwyl o'i gilydd. Mentraf ddweud eu bod yn nabod ei gilydd yn well, yn fwy ymwybodol o anghenion ei gilydd, ac yn gofalu am ei gilydd yn fwy trylwyr, nag ambell gymuned eglwys, sydd o bosib wedi colli adnabyddiaeth o'i haelodau.

Eisteddais yn y gadair a neilltuwyd ar fy nghyfer ger y bwrdd mawr, ac aeth y lle yn dywyll i gyd wrth i bawb arall barhau i sefyll. Wedi gwahodd pawb a chanddynt sedd i eistedd, aeth y sgwrs rhagddi'n ddigon cartrefol, a threfniadau'r angladd yn dechrau cymryd siâp. Wrth i imi syllu ar y crafiadau ar dop fformeica coch y bwrdd, a'r haul yn ei oleuo, gofynnwyd yn garedig imi a fyddwn yn dymuno cymryd 'drinc'. Ymatebais trwy ddweud y byddai disgled o de yn dderbyniol iawn, diolch yn fawr. Ond roedd hi'n amlwg yn ôl eu hymateb mai 'drinc' o fath gwahanol oedd ganddynt mewn golwg. Esboniais fy mod yn gyrru a bod gwell imi beidio ag yfed, ond ymatebodd un gan neidio i flaen ei gadair a chyhoeddi na fyddai rhaid i mi boeni, fe fyddai un ohonyn nhw yn fodlon fy ngyrru adref. Tra oeddwn yn gwerthfawrogi eu caredigrwydd, gwrthodais unwaith eto tan i un arall fy annog, 'Go on', wnaiff un bach ddim drwg. Wedi gwrthod unwaith eto â geiriau caredig ond ychydig yn fwy cadarn y tro hwn, daeth y cynnig am y trydydd tro. Dim ond un peth oedd ar ôl i'w wneud. Llyncais fy mhoer cyn hysbysu'r llond stafell o alarwyr na fyddwn yn ymuno â nhw i ddathlu bywyd yr ymadawedig trwy gyfrwng gwydriad o ddiod gadarn oherwydd fy mod yn disgwyl babi. Aeth yr ystafell yn dawel. Llithrodd gŵr y tŷ'n ôl i esmwythder ei sedd. Ymdawelodd y pesychiadau myglyd, a syllodd pawb ar ei gilydd gan chwilio'n ddwfn am eiriau. Wedi eiliadau hir o dawelwch, clywais sibrydion o gefn y gynulleidfa gartrefol, a'r sibrydion yn cael eu trosgwyddo o glust i glust, tebyg i'r gêm honno y buom ni'n ei chwarae'n blant, *Chinese whispers*. Gwrandewais yn astud ar y geiriau. 'Can vicars have babies?' Diflannodd eglurdeb eu geiriau unwaith eto i niwl eu sibrydion, nes imi glywed, 'I don't know, ask the Vicar.' Rhoddwyd y cyfrifoldeb arswydus o ofyn y cwestiwn mawr i'r mab hynaf, a dyma fi'n cadarnhau ac yn tawelu meddyliau'r teulu oll. A chan fod bawb yn deall ei gilydd bellach, aethom ymlaen i ddewis emynau.

Er bod atgofion o brofiadau felly yn dal i dynnu gwên i'm hwyneb, nid yw hynny'n wir am bob atgof. Cefais un profiad yn ystod y cyfnod hwn a effeithiodd arnaf yn fawr. Profiad y cymerodd amser hir i mi ddod drosto. Ac wn ni ddim hyd y dydd hwn a wyf wedi dod drosto'n llwyr. Rwy'n ddiolchgar iawn i'r teulu am ganiatáu imi gynnwys yr hanes yn gyfrol hon.

Wrth reswm, nid ni fel darpar rieni oedd yr unig rai oedd yn edrych ymlaen at ddod yn fam ac yn dad am y tro cyntaf. Ganwyd un plentyn bach arbennig iawn ychydig wythnosau cyn geni'n plentyn ni. Yn wir, daeth yr un bach i'r byd o flaen ei amser, a chafodd bob cymorth gan staff uned gofal dwys y babanod yn yr ysbyty lleol. Bûm yn ymweld ag ef yn yr uned honno, ei weld yn gorwedd yno'n greadigaeth berffaith, pob cymal ac ewin yn eu lle, ac yn rhannu â'i rieni y gobaith y byddai'n dod drwyddi. Ysywaeth, drylliwyd ein gobeithion wrth i'w gorff bach ildio i'w wendid. Siom a thorcalon i'w rieni, a phrofiad, mi gredaf, nad oes modd ei amgyffred yn llawn, oni bai eich bod wedi bod drwyddo'ch hunan. Nid oeddwn i, ac nid wyf o hyd chwaith, yn brofiadol.

Rwy'n siŵr y bydd fy nghyd-weinidogion yn cytuno â mi wrth imi ddweud bod gweinidogaethu i deuluoedd galar yn wedd ar waith gweinidog sy'n medru bod yn eithriadol o anodd, ac eto mae bod yng nghwmni pobl ar yr awr dywyllaf yn eu hanes yn fraint aruthrol o fawr hefyd.

Er y rhoddir yr arweiniad gorau posib ar ambell gwrs coleg, nid oes modd ein paratoi yn iawn ar gyfer y fath waith. Beth yw galar? Sut y gellir ei ddisgrifio? Sut y gellir ei esbonio? Pe bai peiriant pelydr-X yn medru gweld galar y tu mewn i gyrff y galarus, tybed a fyddai'n gweld rhwyd o amgylch y galon, neu rwd yn ei atal rhag curo'n iawn, neu'n gweld y galon yn gwaedu? Mae calonnau pobl yn torri mewn amrywiol ffyrdd, a'u hymateb i alar yn gwahaniaethu o berson i berson ac o amgylchiad i amgylchiad – yn llafar, yn ddewr, yn ddig, neu ar adegau nid yw'r galar yn fwy na thawelwch. Mae geiriau dewr a doeth ambell alarwr wedi nythu yn fy nghalon am byth. Cred ambell un fod i ddagrau well cymeriad o gael eu colli mewn preifatrwydd. Nid oes gan alar reol gyffredinol ynglŷn â sut i ddelio ag ef, na llawlyfr ynghlwm wrtho chwaith. Ond gwn fod gofyn parchu ffyrdd pawb o alaru, er bod y ffyrdd hynny ar adegau yn ymddangos yn wrthun ac yn od i ni. O bryd i'w gilydd mae galar fel pe bai'n treiddio allan o'r mortar sydd ym muriau'r aelwyd, gan ei fod wedi ymgartrefu yno cyhyd, a minnau'n cyfaddef nad oes gennyf ar adegau galon ddigon sensitif i'w synhwyro. Gwn hefyd nad tasg hawdd yw i ffrindiau a chymdogion a chyd-weithwyr ymweld â theulu galar, neu efallai nad yr ymweliad ei hun sy'n peri gofid ond beth i'w ddweud wedi cyrraedd. Ar adegau fel hyn rwyf wastad yn ceisio meddwl o ddifri nid am yr hyn a *ddylwn* ei ddweud ond yn hytrach am yr hyn *na ddylwn* ei ddweud, oherwydd gwn yn iawn fod dweud y peth anghywir yn medru bod yn waeth na pheidio â dweud dim o gwbwl. Faint o bobol sy wedi ildio i'r demtasiwn o ddweud, 'Rwy'n gwybod sut rydych yn teimlo', pan nad oes ganddynt, mewn gwirionedd, unrhyw syniad yn y byd o'r hyn mae'r unigolyn neu'r teulu hwnnw'n mynd drwyddo. Mae gwrando'n bwysig, ac mae gweinidogaeth gwrando yn weinidogaeth y mae modd i bawb ohonom fod â rhan ynddi. Eto, rwy'n dal i ryfeddu at ddewrder pobol hyd yn oed ar yr adegau mwyaf tywyll yn eu bywydau, ac mae bod yn eu cwmni ar adegau felly yn fraint fawr.

Gwnes ymdrech annigonol i fugeilio teulu'r baban bach. Daeth dydd yr angladd. Sefais ar lan y bedd wrth i draffig y ddinas regi heibio yn haerllug ar hyd yr hewl. Gan bwyso ar y Gair a oedd, yn fy nhyb i, yn ddigon cadarn i'n cynnal ni oll yn ein trallod oherwydd gwyddwn yn iawn nad oedd fy ngeiriau i yn ddigon cryf, trochwyd purdeb gwyn ei arch gan bridd y ddaear. Roedd galar yn yr awel, a chân yr adar fel petai wedi distewi. Roedd hyd yn oed y fynwent yn

gwisgo mantell o niwl, a phelydrau'r haul yn methu'n deg
â thorri drwyddo. Ni theimlaf 'mod i'n gor-ddweud yma –
roedd y byd yn galaru.

Er ei fod yn brofiad difrifol o anodd, ac yn brofiad
nad yw'r un gweinidog yn chwennych ei gael, nid yw'n
anghyfarwydd, gwaetha'r modd. Daw i ran y mwyafrif o
weinidogion ar ryw adeg neu'i gilydd yn ystod eu gyrfa,
ynghyd â phrofiadau eraill sydd yr un mor anodd. Daeth
i'm rhan innau unwaith neu ddwy ers hynny. Ond beth
oedd mor wahanol am y profiad cyntaf hwn, meddech
chi? Wel, tra oeddwn yn syllu ar yr arch fechan yn y bedd,
teimlais fy mhlentyn fy hun yn symud yn y groth; yn
troi ac yn trosi yn ôl y disgwyl, wythnosau cyn ei eni, yn
ymbresenoli ei hun, yn fy sicrhau ei fod yn fyw ac yn iach,
tra oedd un arall, o'r un oed yn union, yn gorwedd o'm
blaen yn llonydd mewn bedd. Roedd yn brofiad ingol a
dirdynnol i mi, ac yn un a adawodd ôl pendant arnaf. Dim
ond merch a mam o weinidog a fyddai'n medru ei ddeall
yn iawn, neu o leiaf fedru *ymgeisio* tuag at ei ddeall.

11

Dysgu gwersi

Gŵyr pawb sy'n rhieni fod cael plentyn ar yr aelwyd yn brofiad sydd nid yn unig yn newid eich ffordd o fyw ond hefyd y ffordd rydych yn edrych ar fywyd. Daw ag ystyr newydd i bopeth rywffordd. O'r funud y daw'r plentyn hwnnw i'ch byd, dibynna'n llwyr arnoch i wneud popeth drosto. Yr unig beth mae'n medru ei wneud ar ei ben ei hun yw sgrechen! O'r foment honno ymlaen, ni fydd eich bywyd yr un peth byth eto. Daw'r plentyn yn ganolbwynt eich bywyd, yn destun eich sgwrs, ac yn wrthrych eich holl ffotograffau a ffilmiau. O hynny ymlaen, mae'n llywio penderfyniadau tebyg i ba siop y medrwch ymweld â hi ac a oes stafell newid cewyn yno, neu ba dŷ bwyta y dylech ei fynychu, ac a oes darpariaeth yno ar gyfer cynhesu potel laeth neu fwyd babis. Yn wir, daw'n ffocws eich holl weithgarwch, a chithau fel rhieni yn fwy na balch i gamu naill ochr a rhoi'r plentyn yn y canol. Na, nid yw'r cartref na'ch bywyd yr un fath byth eto wedi i chi ddod yn rhiant.

Y wers gyntaf

Teimlaf na fu fy ngweinidogaeth yr un fath chwaith ers i mi ddod yn fam. Bu'n arferiad gennyf ymweld â mamau a'u babanod newydd-anedig yn yr ysbyty, ond ddim mwyach. Wedi mynd trwy boen esgor neu lawdriniaeth i eni'r baban, emosiwn y digwyddiad, gwendid, diffyg cwsg, hormonau fel pe baent yn cynnal parti yn eich corff, ynghyd â'r baban a'r fam yn dod i'r arfer â bwydo yn iawn, â phob parch i bawb, y gweinidog fyddai'r person olaf y byddwn eisiau'i weld. Cawn ddigon o gyfle i ymweld eto. Gwn am ambell weinidog sydd wedi llwyddo i weld y baban cyn y fam-gu neu'r tad-cu hyd yn oed. Amser i'r teulu yw'r dyddiau cyntaf; rhowch gyfle iddynt ddod i nabod ei gilydd. Gellir anfon llongyfarchiadau a dymuniadau da'r eglwys drwy gyfrwng carden neu neges. Cysylltu â'r fam dros Facebook yw'r arfer diweddara yn fy mhrofiad i, cyfle gwych i'r cylch ffrindiau gael gweld llun o'r baban bach hefyd. Prysuraf i ddweud fod amgylchiadau arbennig yn codi o bryd i'w gilydd pan mae angen gweinidogaeth ar faban bach newydd-anedig yn yr ysbyty, ynghyd â'r rhieni a'r teulu, fel y soniais amdano ynghynt.

Yr ail wers

Sylweddolais fwyfwy hefyd pa mor bwysig yw bugeilio mamau a thadau newydd, ond rwyf yn aml yn pryderu ynglŷn â pha amser o'r dydd i alw i'w gweld. Gwn o brofiad, wedi colli noswaith ar ôl noswaith o gwsg, fod mam newydd yn achub ar bob cyfle i gael awr neu ddwy o orffwys yn ystod y dydd tra bod y baban yn cysgu. Ond y broblem yw bod pob baban yn cysgu ar adegau gwahanol. Ofnaf fy mod wedi distyrbio cwsg sawl rhiant ar hyd y

Llunos Gordon a minnau yng nghwmni'r bechgyn yn
Ysgol Haf y Gweinidogion yn Llanbed, 2011.

Cynhadledd undydd i weinidogion yr Annibynwyr yn Aberystwyth,
Medi 2011. Pump ohonom ni ferched yng nghwmni
deg ar hugain o fois!

Y Parchedigion Carys Ann, Beti-Wyn, Jill Hailey a
Llunos Gordon. Cyfarfodydd Blynyddol Undeb yr Annibynwyr
Cymraeg, Abergwaun, 2012.

Pobl sy'n gwneud eglwys. Paned ac oedfa yn festri Cana.

Teulu'r eglwys yn addoli. Capel y Priordy, Caerfyrddin.

Teulu'r Eglwys ym Mancyfelin.
Dathlu 250 mlynedd yr Achos, Ebrill 2011.

Hwyl yng nghwmni'r plant.
Cwrdd Diolchgarwch, hydref 2012 yn y Priordy.

Arwain yr oedfa yn un o'r cartrefi gofal lleol.

Llun: Geoffrey Eynon

Merched yr Ofalaeth yn rhedeg y Ras am Fywyd ym Mharc Scoulton,
Hwlffordd yn 2007 er mwyn codi arian at Ymchwil Cancr,
a minnau'n treial cadw i fyny â nhw!

Llun: Alun Lenny

Cymryd rhan ym Mhasiant *Tomos Didymus*, gyda Chwmni Theatr
Bröydd Tywi yn Theatr y Lyric, Caerfyrddin, 2012.
Profiad gwefreiddiol.

Gair bach yn fy nghlust gan un o'm diaconiaid –
Y Parchg Denzil James.

Mynd a'r cwrdd allan o'r capel a cheisio cadw'r bregeth yn 'sych'!

Llun: Tudur Dylan Jones

Llun: Arfon John

Shwt wy'n edrych mewn mwstásh? Un o blant yr eglwys yn tynnu nghoes mewn oedfa blant yn y Priordy.

Y llun sydd ar fy nhudalen Facebook. Mae'r we yn fendith i weinidog yn yr unfed ganrif ar hugain.

Y merched, Elin Wyn a Sara Llwyd.

'O am weld copa'r Wyddfa yn yr haul!'

Elin Wyn, Beti-Wyn, Sara Llwyd a Philip,
y teulu ar daith gerdded ar Ynys Byr.

blynyddoedd wrth alw i'w gweld ar yr adeg anghywir o'r dydd, ac yn teimlo i'r byw fy mod wedi gwneud – a phob rhiant yn dweud wrthyf y tu ôl i'w llygaid cysglyd a'u gwedd lwydaidd i beidio â phoeni. Chwarae teg iddynt, ond fedra i ddim peidio â phoeni.

Ac y mae angen bugeilio ar rai yn fwy nag eraill. Mae'n ffaith bod nifer o famau ifanc yn cael eu llethu gan iselder wedi geni baban. Nid yw hyn yn golygu nad ydynt yn caru eu baban nac yn dymuno gofalu amdano. Dyma gyflwr sy'n effeithio ar gymaint ag un mewn deg o famau newydd yn y Deyrnas Gyfunol yn ôl yr ystadegau, ac er ei fod yn fwyaf cyffredin mewn mamau, mae'n debyg bod tadau'n medru dioddef ohono hefyd.

Mae genedigaeth baban newydd yn medru bod yn straen ar y ddau riant, ac ambell dad yn ei chael hi'n anodd ymdopi, neu'n teimlo nad yw'n medru rhoi cefnogaeth ddigonol i'w bartner. Teimla rhai fod addasu i gwrdd ag anghenion baban newydd yn anodd iawn. Nid yw gweinidog yn medru ymateb i bob gofid bugeiliol, yn enwedig os oes angen cymorth proffesiynol ar rywun. Nid ydym wedi'n hyfforddi i fod yn feddygon, yn seiciatryddion, nac yn unrhyw 'ion' arall heblaw bod yn weinidog*ion*. Ond gallwn gyfeirio unigolion at eraill sy'n arbenigo, a chefnogi'r ddarpariaeth sydd ar gael.

Er na phrofais i iselder wedi geni'r plant, ac nid wyf yn honni fy mod yn gwybod sut brofiad ydyw, gwn fod bywyd mam ifanc yn medru bod yn un ynysig iawn ar adegau. Pan mae tad y baban wedi dychwelyd i'r gwaith, neu'r tad mewn sawl achos yn byw ar wahân i'r fam, a'r

teulu wedi dychwelyd adref i'w gwahanol ardaloedd, y
ffrindiau i gyd wedi galw i weld y baban am y tro cyntaf,
y cardiau, y blodau, y balŵns a'r rhoddion wedi stopio
cyrraedd a naw mis o ddisgwyl a pharatoi wedi hen ddod
i ben – er bod yr un bach yn llonni bywyd i'r ymylon,
eto gall pob math o deimladau rhyfedd ddod yn ei sgil.
Ychwanegwch newidiadau yng nghorff y fam at y sefyllfa,
ynghyd â rwtîn – neu ddiffyg rwtîn – dyddiol cwbl
newydd, oriau o gwsg wedi eu colli, a'r ymdrech i baratoi
i gamu'r tu fas i'r drws ffrynt yn ormod, gall cyfuniad o'r
cyfan effeithio'n fawr ar y fam. Mae angen cefnogaeth a
bugeiliaeth arni.

Y drydedd wers

Yn wyneb y ffaith bod ein plant ni wedi bod yn dod i'r
oedfa'n wythnosau oed, teimlaf fwyfwy ers i mi ddod
yn fam fy hun pa mor bwysig yw hi i deuluoedd ifanc
beidio ag ofni dod â'u babis bach i'r cwrdd. Yn wir, does
dim byd yn well gen i na gweld cyntedd y capel yn llawn
prams a *pushchairs*! Gwn fod rhai rhieni yn poeni'n fawr
bod perygl i'r sŵn a ddaw o enau eu babanod darfu ar yr
oedfa. Wel, mae'n neis cael rhywun yn porthi'r bregeth!
Dyw e ddim yn digwydd yn aml iawn y dyddiau hyn. Os
bydd babi'n penderfynu cychwyn sgrechen mewn oedfa,
a minnau'n ymwybodol bod ei rieni'n trio'i dawelu drwy
ei basio fel parsel o'r naill gôl i'r llall, a cheisio denu ei
sylw drwy ddal allweddu'r car o flaen ei lygaid, a hwythau
bellach yn chwys domen, dim ond un peth sy gen i i'w

ddweud wrthynt a hynny yw: 'Peidiwch â phoeni dim; pa mor uchel bynnag mae'r bychan yn sgrechen, gallaf eich sicrhau fy mod yn gallu sgrechen yn uwch nag ef!'

Clywais am un fam a geisiodd ei gorau glas i dawelu ei baban bach mewn oedfa ac a benderfynodd godi yn y diwedd, er lles y babi, y pregethwr a'r gynulleidfa, heb sôn am ei nerfau hi ei hun druan, a mynd â'r bychan allan. Daeth bloedd o enau'r pregethwr yn ymbil ar y fam i beidio â gadael y cwrdd: 'Dyw llais yr un bach ddim yn fy ypsetio i o gwbwl.' Ymatebodd y fam, 'Gyda phob parch, efallai nad yw ei sgrechfeydd ef yn eich ypsestio chi, syr, ond mae eich sgrechfeydd *chi* yn ei ypsetio *fe*.'

Credaf mewn annog teuluoedd i ddod â babanod bach i'r cwrdd fel y cânt gyfle i gyfarwyddo â'r addoli yn ifanc iawn. Gall dod i'r capel am y tro cyntaf yn blentyn pum mlwydd oed fod yn brofiad arswydus. Yr adeilad yn fawr ac yn dywyll, pawb yn eistedd yn wynebu cefn pennau ei gilydd, yr organ bîb yn dechrau taranu, a'r canu'n fyddarol. Rwy'n siŵr bod gan bawb ohonom atgofion am yr achlysuron y buom yn mynychu'r cwrdd pan oeddem yn ifanc. Ofnaf fod rhai atgofion wedi bod yn gyfrifol am yrru nifer i ffwrdd oddi wrth fywyd yr eglwys. Atgofion positif iawn sy gen i, diolch byth, ac eto, yng nghanol bwrlwm y plant a'r ieuenctid, cofiaf yn iawn eistedd yn sedd y teulu a syllu ar wyneb rhyw anifail diniwed a laddwyd, druan, er mwyn addurno coler ffwr y wraig a eisteddai o'n blaen! Gallaf weld ei ddau lygad bach brown yn awr yn sgleinio fel dau losin Minstrel, a'i drwyn bach twt yn pwyntio'n chwilfrydig i gyfeiriad y wal wedi iddo glymu ei gorff eiddil o amgylch gwddf y wraig. Ych a fi!

Ond o ddod â'r babanod yn ifanc iawn, cânt gyfle i dyfu yn yr eglwys, a chaiff aelodau'r eglwys gyfle i ddod i'w nabod a chael rhan yn ei fagwraeth ysbrydol. Bydd rhieni ifanc, gobeithio, yn dod yn ddigon hyderus i'w hebrwng yno, a hynny heb synhwyro unrhyw feirniadaeth gan eraill os yw eu plant yn cadw sŵn. Wedi dweud hynny, onid yw hi'n bwysig, o'u gwahodd a'u croesawu, i ni ddarparu ar eu cyfer? Byddai'n plant ninnau, pan oeddent yn ifanc iawn, yn dod gyda ni ar yr orchwyl wythnosol o siopa bwyd yn un o archfarchnadoedd y dref. Wedi gosod y ddwy i eistedd yn y sedd ym mlaen y troli, a'u gwthio'n chwareus tuag at y siop, fe fyddai eu cymeriadau'n newid yn llwyr wrth groesi'r trothwy – o fod yn ddwy ferch fach hapus a siriol i fod yn ddwy a thân ar eu crwyn am yr awr nesaf. Pam? Oherwydd gwyddent nad oedd dim o ddiddordeb iddynt yn y siop, a'r orchwyl o siopa yn un nad oedd yn apelio atynt o gwbwl.

Felly, onid oes angen darpariaeth i'r sawl a ddaw â'u babanod i'r cwrdd? Nid yn unig darpariaeth ysbrydol, ond hefyd ddarpariaeth ymarferol. Cornel yn y festri, efallai, os ydynt yn dymuno mynd â'r plant o'r capel i'r festri, lle gallant chwarae ar lawr gyda theganau pwrpasol yn sŵn y plant hŷn; cyfleusterau i wresogi potel laeth ac i newid cewyn, ynghyd â darpariaeth i'r mamau ifanc gael sgwrs a phaned a chyfle i ddod i nabod ei gilydd. Mae hyn oll yn rhan o fugeiliaeth yr eglwys.

Y wers nesaf

O feddwl am drefnu cwrdd, yn enwedig cwrdd plant,
dysgais yn go sydyn wedi i mi ddod yn fam nad syniad
da yw galw i weld teuluoedd amser te. Wps! Mae 'na ias o
embras yn rhedeg drwof wrth i mi feddwl am wneud y fath
beth. Gyda theuluoedd allan yn y gwaith a'r ysgol drwy'r
dydd, anodd oedd eu dal gartref, ond nid amser te oedd
yr amser i wneud hynny'n bendant. Wedi dweud hynny,
cefais groeso ar bob aelwyd, a neb erioed yn dweud ei bod
yn anghyfleus. Efallai eu bod yn fy ngalw yn bopeth ar ôl
i mi fynd oddi yno, cofiwch. Erbyn heddiw, defnyddir pob
math o gyfryngau i drosglwyddo gwaith i'r plant a'r bobol
ifanc. Daeth y rhyngrwyd, negeseuon testun, yr e-bost
a gwefannau cymdeithasol i hwyluso'r gwaith yn fawr, a
gellir bellach drefnu dosbarthu gwaith mewn munudau
trwy wasgu ychydig o fotymau ar allweddell heb symud
o'ch desg.

Dychwelyd i'r gwaith

Wedi cyfnod mamolaeth, daeth yr amser imi ddychwelyd
i'r gwaith. Bu gwragedd yr eglwys wrthi'n gweu fflat
owt cyn geni'n plant ni, a derbyniodd y ddwy ohonynt
a ninnau fel teulu o'u caredigrwydd a'u haelioni mawr.
O'r holl gardiganau hyfryd a wëwyd gan fysedd diwyd a
chreadigol y gwragedd, bûm yn ofalus iawn yn gwneud
yn siŵr bod pob un cardigan yn cael ei gwisgo yn ei
thro ar y Sul, rhag siomi neb. Dangoswyd caredigrwydd

rhyfeddol i ni fel teulu, ac mae hynny'n parhau hyd heddiw. Caredigrwydd nid yn unig mewn rhoddion, na ddisgwylir gennym o gwbwl, ond hefyd o ran cymorth ymarferol; ni bu ein plant yn brin o fodrybedd ac ewythrod teulu estynedig yr eglwys. Mae ganddynt lawer mwy o deulu estyngedig nag sydd ganddynt o berthnasau trwy waed.

Gan fy mod yn gweithio o adref, a chan nad oedd gwasanaeth meithrinfa yn opsiwn ar y pryd, penderfynwyd y byddwn yn bwrw ati â'm gwaith a gofalu am y fechan ar yr un pryd. Tasg hawdd iawn ar y cychwyn, tra oedd yn faban, ond stori arall oedd hi wedi iddi ddod o hyd i'w thraed a chychwyn cerdded! Ni fu fy llyfrau yn y drefn gywir ar silffoedd fy stydi am sbel fawr wedi hynny, diolch i fysedd bach bishi, ac nid syndod fyddai darganfod o bryd i'w gilydd lyfr cyntaf Sali Mali wedi dod o hyd i gartref newydd rhwng esboniadau ar Efengyl Luc ac Efengyl Ioan, neu un o gyfrolau lliwgar Rala Rwdins yn sownd rhwng cyfrolau *Athrawiaeth yr Iawn* ac *Athrawiaeth y Drindod*! Lle poenus iawn i fod, meddech chi. Byddai rhai'n dadlau, wrth gwrs, fod i'r hen Sali Mali, ynghyd â Rala a'i chyfeillion, fwy o apêl na'r holl lyfrau eraill!

Mae'n syndod y bobol sydd wedi dweud wrthyf ar hyd blynyddoedd babandod ein plant pa mor ffodus y bûm yn medru gweithio gartref a gofalu amdanynt. Cytunaf â nhw, ond rhaid cyfaddef yn dawel fach hefyd fod adegau pan oeddwn yn teimlo y byddwn wedi gwneud unrhyw beth i gael gweithio mewn swyddfa yn ddigon pell o'r tŷ. A'r ffôn yn canu'n gyson yn ein tŷ ni, nid oedd disgwyl i'r sawl oedd ar y pen arall wybod fy mod yng nghanol newid cewyn, yn rhedeg bath neu yng nghanol gweithio bwyd. Nid hawdd oedd trosglwyddo un o'r tasgau i 'ngŵr tra oedd y dasg ar ei hanner, er mwyn ateb cais ar y ffôn. Er y fraint a'r llawenydd mawr o fod gartref gyda'r plant yn ystod eu blynyddoedd cynnar, roedd dod o hyd i ysbeidiau o dawelwch ar gyfer myfyrdod personol ac er mwyn paratoi ar gyfer y Sul yn dipyn o sialens ar adegau.

Nid camu i'r pulpud heb baratoi a wna'r pregethwr. Byddai gwneud hynny yn ddim byd ond haerllugrwydd ar ei ran. Mae'r paratoi yr un mor bwysig, os nad yn fwy pwysig, na'r traddodi. Daw'r Sul rownd yn go sydyn yn fy mhrofiad i. Mae galwadau mawr ar weinidog yn wythnosol, a phob un ohonynt yn brwydro â'i gilydd am flaenoriaeth – cyfarfodydd, profedigaethau, angladdau – gallant ddod ar draws myfyrdod a pharatoadau ar gyfer y Sul. Rhaid wrth ddisgyblaeth a threfn a phatrwm pendant i'r diwrnod. Nid peth hawdd pan ydych yn fam, ond nid yw'n amhosib chwaith.

Mae'n syndod sut mae trefn paratoi ar gyfer y Sul yn gwahaniaethu o berson i berson. Cefais gyngor yn ystod blwyddyn gyntaf fy ngweinidogaeth gan weinidog da a ffyddlon, ac un y gwn ei fod nid yn unig yn uchel iawn ei barch wedi cyfnod hir yn y weinidogaeth, ond hefyd yn un a gyflawnodd ei waith mewn modd taclus a phob amser â graen. Roedd ei lawysgrif a'i stydi yr un mor berffaith â'i wisg. Cefais fy nghynghori ganddo i gael y ddwy bregeth yn barod erbyn amser cinio dydd Iau. Roeddwn wedi llwyr ymlâdd am y misoedd cyntaf yn treial cadw at ei gyngor, nes imi sylweddoli yn y diwedd nad dyna oedd y drefn orau i mi. Na, nid yw'r un drefn yn siwtio pawb.

Mae gan bob gweinidog ei ffordd ei hun o lunio pregeth,
a'i amserlen ei hun wrth ei pharatoi. Gwêl ambell un
werth mewn neilltuo diwrnod cyfan o'r wythnos ar gyfer
yr orchwyl, eraill yn troi'r syniadau ym melin y cof ac yn
bwrw ati ar fore Sadwrn i osod cynnyrch y cof ar bapur,
tra bod eraill yn cychwyn arni ar fore Llun. I minnau,
ofnaf fod pregethau'r diwrnod cynt yn dal i ganu yn fy
system fore Llun. Beth bynnag yw trefn yr wythnos – gan
gofio nad yr un drefn sydd i bob wythnos yn y gwaith
hwn – gosodaf amserlen, neu addewid, mewn gwirionedd.
Gwnaf addewid â mi fy hun bob wythnos fy mod yn mynd
i ddirwyn y paratoadau i ben erbyn nos Wener, er bod y
noson yn medru mynd yn hir iawn ar adegau, a hynny er
mwyn cadw dydd Sadwrn yn gwbl glir ar gyfer y teulu.
Mae dyddiau Sadwrn yn gysegredig yn ein tŷ ni.

A lle bu fy stydi ar un adeg yn fangre o dawelwch
a llonyddwch, bellach fe drodd yn fan cymdeithasol i
genedlaethau'r teulu, ac yn lle llawn rhyfeddodau i lygaid
a bysedd bach. Mae'n siŵr gen i fod stydi gweinidogion
yn amrywio hefyd. Rhai ar y llofft ac eraill ar y llawr, a
rhai mewn adeilad ar wahân yn yr ardd. Nid yw un stafell
yn ddigon i rai wrth iddynt ildio i'r demtasiwn o gario'u
papurau a'u llyfrau o'r naill stafell i'r llall. Stydi yn yr atig
oedd gan y Dr John Baillie, y pregethwr ifanc o'r Alban. Ei
enw ar ei stydi oedd 'Aberdeen'. Treuliai bob dydd Iau yn ei
stydi, gan gymryd ei brydau bwyd yno hefyd rhag torri ar
draws ei fyfyrdodau. Pe digwyddai i rywun guro ar y drws
neu i'r ffôn ganu, ateb ei briod fyddai, 'I'm very sorry, Dr
Baillie is not available. He's gone to Aberdeen for the day.'
Mae'n siŵr fod gan bob un ohonom ni weinidogion ein

'Aberdeen' ein hunain y byddwn yn ein claddu ein hunain yno am oriau ar y tro wrth baratoi ar gyfer y Sul. Cofiaf glywed fy mam-gu yn dweud wrthyf y byddai dau o'r pregethwyr yn y pentref lle cefais fy magu yn cydgerdded slawer dydd ar hyd fanc y gamlas bob wythnos yn trafod pregethau. O ganlyniad fe fyddai'r ddwy bregeth yn y naill gapel a'r llall yn cydgyffwrdd y Sul canlynol. Bellach, a'r rhan fwyaf ohonom yn paratoi pregethau ar gyfrifiadur, a hwnnw'n aml yn liniadur sy'n ddigon hawdd ei gario o'r naill fan i'r llall, gall ein 'Aberdeen', chwedl John Baille, fod mewn mwy nag un lle. Wedi dweud hynny, mae'r gallu i ganfod rhywle i gilio iddo, er mwyn ymdawelu, myfyrio a chanolbwyntio yn bwysig. Yn wahanol iawn i'r hyn a awgrymwyd i mi sbel yn ôl gan un hynafgwr sy'n gweld gweinidogion ifanc fel *executives*, nid yw'n fater o danio'r cyfrifiadur a gwasgu'r allwedd 'P' ac wele, 'Pregeth' yn ymddangos ar y sgrin! Er gwaethaf cyfleustra'r gliniadur, ni all yr un cyfrifiadur ddisodli llond stydi o lyfrau – a Sali Mali a Rala Rwdins yn eu plith.

Ymadroddion

Ymlwybrwn i'r capel yn deulu bob bore Sul, tebyg i bob teulu arall sydd yno'n gwmni i ni. Awn yno oherwydd yr awydd sydd ynom i fynd yno. Ond wedi dychwelyd adref, mae'r naws gweinidogaethol yn parhau ar ein haelwyd drwy'r amser.

Fel ar bob aelwyd, mae plant yn codi ymadroddion o fyd eu rhieni, pa fyd bynnag yw'r byd hwnnw. Yn ein hachos ni, y byd yw byd yr eglwys. Nid yw hyn yn digwydd yn fwriadol, ond mae'n naturiol bod plant, o fod yng nghwmni rhiant mewn awyrgylch gwaith – eu mam yn ein hachos arbennig ni – drwy'r dydd bob dydd yn codi ambell ymadrodd. Nid oeddwn wedi sylweddoli hyn nes i 'ngŵr ddweud wrthyf un noson, a minnau wedi fy ngalw mas i drefnu angladd, fod un o'r merched wedi bod yn sgwrsio â'i mam-gu ar y ffôn ac wedi cyhoeddi bod 'Mam wedi mynd mas achos ei bod wedi colli aelod'. Colli trwy farwolaeth oedd y colli, wrth gwrs, ond fe'i cyhoeddwyd yn union fel pe bawn wedi colli rhywbeth ar yr hewl!

Bu marwolaeth yn destun trafod yn ein tŷ ni er pan oedd y plant yn ifanc iawn. Nid oedd modd osgoi'r pwnc gan fod eu mam yn gwasanaethu mewn angladdau ac yn cael ei galw mas pan fod profedigaethau. Credaf yn bersonol na ddylid osgoi ei drafod gyda phlant chwaith. Nid wyf yn honni o gwbwl eu bod yn deall, mwy nag unrhyw un arall ohonom, ond nid ydynt yn ofni gofyn. Bu enw'r ymgymerwr lleol ar leferydd y plant er pan oeddent yn ifanc, fel petai'n aelod o'r teulu bron, gymaint y sôn amdano. Cofiaf weld un o'r merched, a hithau wedi cael sbectol newydd, yn dynwared yr ymgymerwr trwy wisgo'i sbectol reit ar flaen ei thrwyn. A buont yn credu am flynyddoedd fod eu mam yn cael teithio mewn *stretch limo* weithiau – yr hers! Mor wahanol i'm syniad i o ymgymerwr pan oeddwn i'n blentyn. Fe'i cofiaf fel gŵr a gerddai'r pentref a'i ddwylo wedi'u clymu y tu ôl i'w gefn. Roeddwn yn taeru bod ei lygaid yn syllu arnom wrth inni sefyll tu fas i'r siop daffis a phalu'n ffordd trwy'r cwdyn loshin, gan gnoi'r Black Jacks, y Spangles a'r Fruit

Salads yn ddidrugaredd, a sugno'r atom melys olaf o
sherbet mas o grombil pob un o'r soseri gofod papur siwgr
crwn. Bu farw'r gŵr bonheddig hwnnw ar lan y bedd
mewn angladd. Clywais am y newyddion syfrdanol drwy
glustfeinio ar sgwrs wrth y cownter caws a chig moch yn
y Cop (y Co-op i bobol swanc), tra oeddwn ar neges dros
fy mam-gu. Rhedais nerth fy nhraed 'nôl i'w chartref i
gyhoeddi'r newyddion mawr. Nid oedd neb yn fy nghredu,
ac fe'm tawelwyd yn dyner gan fy nhad-cu gyda'r geiriau,
'Am beth y'ch chi'n whilia, s'mo trefnwyr angladdau yn
marw mewn angladdau, w.' Mmm.

Ymweld

Er mwyn cyflawni fy ngweinidogaeth cyn lawned â phosib,
pan oedd y plant yn fach byddwn yn mynd â nhw gyda mi
ar ymweliadau ag aelwydydd aelodau. Roedd penderfynu
ai gwneud hynny neu beidio'n dibynnu'n fawr ar natur yr
ymweliad, wrth reswm. Nid oedd yn ymarferol nac yn deg
iddyn nhw nac i'r aelodau i fynd â nhw i mewn i wardiau
ysbytai neu i sefyllfaoedd yn ymwneud â galar neu ofidiau
eraill. Ond buont yn ymweld ag amryw o'r aelodau hŷn yn
eu cartref ac mewn cartrefi preswyl.

Profodd ambell ymweliad yn rhai nerfus eithriadol,
yn enwedig wrth weini te gyda'r llestri gorau. Roedd
gweld yr ornaments a hen greiriau drudfawr y teulu a
drosglwyddwyd i lawr ar hyd y cenedlaethau yn syllu
arnom o bob cornel yn demtasiwn mawr i fysedd bach.
A doedd clywed geiriau cysurlon perchnogion yr

ornaments, 'Peidiwch â becso dim, dim ond ornaments ydyn nhw,' yn lleddfu fawr ddim ar y gofid. Wn ni ddim ai dyna'r hyn fyddai'n cael ei ddweud wedi inni adael, pe *digwydd* i un o'r plant achosi i un ohonynt dorri'n smidderîns ar lawr. Daeth yn arfer hefyd gan un o'r plant i deimlo galwad sydyn am y lle chwech bob tro y byddem yn camu i mewn i gartref un o'r aelodau. Gwelais fwy o dai bach a stafelloedd molchi'r praidd yn ystod blynyddoedd cynnar y plant nag a welais cyn hynny ac wedyn hefyd. 'Top y stâr ar y dde.' Wedi dringo'r grisiau gam wrth gam, gan wneud yn siŵr na fyddai olion bysedd bach ar y wal, a chyrraedd y stafell molchi, byddai'r fechan yn aml yn penderfynu'n sydyn nad oedd angen ymweld a'r tŷ bach wedi'r cwbwl. Mae'n amlwg mai dyna'i ffordd o fusnesan yn llofftydd pobol eraill. A hwythau erbyn hyn wedi tyfu'n hŷn, mae'r plant wrth eu bodd yn clywed y stori hon yn cael ei hadrodd dro ar ôl tro, yn enwedig y rhan am eu mam yn gorfod tynnu tsiaen y tŷ bach er mwyn *esgus* ein bod wedi ei ddefnyddio, rhag i'r aelodau – tan nawr – sylweddoli gwir bwrpas y daith i'r llofft.

Roedd ymweld â chartrefi preswyl gyda'r merched yn werth pob ymdrech hefyd oherwydd byddai wynebau'r preswylwyr yn goleuo o gael cwmni rhywun ifanc. Rwyf wedi ceisio parhau i sicrhau bod plant yr Ysgol Sul, ynghyd â ninnau'r oedolion yn yr eglwysi, yn dal cysylltiad agos â rhai o'r cartrefi preswyl lleol, ac yn ymweld â nhw yn gyson. Yn ogystal â'r ffaith fy mod yn credu bod cyfrifoldeb ar bob un ohonom i sicrhau bod y sawl sy'n preswylio mewn cartref o'r fath yn cael cyfle i sgwrsio yn eu mamiaith, ynghyd â derbyn y gynhaliaeth ysbrydol maent wedi arfer â hi erioed, mae cael cwmni plant hefyd yn codi eu calonnau.

Erbyn i'r plant dyfu'n hŷn, a minnau'n ailgydio yn y gwaith o fugeilio ar fy mhen fy hun unwaith eto, nid oedd ambell aelod yn medru cuddio'i siom wrth agor y drws a dweud, 'Dyw'r plant ddim gyda chi?' Rhaid oedd i bawb gyfarwyddo unwaith eto â gweld y gweinidog heb ei *entourage*, gan gynnwys y gweinidog ei hun. Credaf erbyn hyn fod y profiad wedi bod yn un gwerthfawr iawn i'r ddau blentyn, a'u bod wedi elwa llawer ar gael eu cyflwyno i bobol o bob cenhedlaeth yn ifanc iawn. Bu'n gyfle iddynt hefyd ddysgu a deall beth yw'r cyfrifoldebau sydd ymhlyg yng ngwaith eu mam.

12

Gwyliau'r flwyddyn gron

*D*aw'r Nadolig a'r Pasg yn eu tro, dwy o'r prif wyliau yng nghalendr yr eglwys Gristnogol, a gwyliau y mae gofyn paratoi'n drylwyr ar gyfer eu dathlu ymhlith aelodau'r eglwys o bob oed.

Enw'r tymor yn arwain i fyny at y Nadolig pan fydd yr eglwys Gristnogol yn cychwyn ar ei pharatoadau ar gyfer yr ŵyl, yw'r Adfent. Ond gwyddom yn ddigon da fod y Nadolig yn cychwyn ynghynt o lawer na Sul cynta'r Adfent, wrth i'r goleuadau neon fflachio'n gellweirus o'n cwmpas o ddechrau'r hydref, a phrin y gall byd masnach ddal y Nadolig yn ôl yn hwyrach na diwedd Awst.

Gartref, wrth i'r goeden artiffisial ymddangos o'i chwtsh, bron y gallwch chi glywed ei brigau'n ochneidio wrth gael eu sythu wedi blwyddyn arall o fod yn ddau ddwbwl a phlet mewn blwch.

Wedi gosod y binwydden blastig werdd yn ei lle yng nghornel y stafell, daw'r amser ar gyfer yr orchwyl flynyddol o ddatgymalu'r wifren o oleuadau bach lliwgar, a phawb yn dal eu hanadl wrth aros i weld a fydd y bylbiau'n penderfynu ymuno â ni ar gyfer yr ŵyl eleni ai peidio. Fflach! Llwyddiant, a'r goleuadau bach yn cynnau fflam fawr o gyffro yn llygaid y plant.

Tinsel. Ych! Mae'r darnau bach yn mynd i bobman, ac

ychydig o foelni wedi dod i ran y stribedi disglair erbyn leni, wedi blynyddoedd o ddathlu.

A'r tinsel yn cynnal y brigau, a'r goleuadau'n glystyrau anhrefnus, mae'n bryd gosod y peli lliwgar ar flaen bysedd pob brigyn yn ofalus ac artistig, neu o leia roi cynnig ar hynny. Mae ambell bêl wedi colli ei bachyn. Niwsans! Caiff fynd 'nôl i'r blwch am y tro.

Ie, fe ddaw pethau i drefn, yn ddefodol bron, wrth i'r Nadolig gael ei ddadbacio o'r bocsys.

Wedi gosod y seren ar ben y goeden, un orchwyl fechan sydd ar ôl, sef dadbacio'r cymeriadau seramig yn ofalus a'u gosod yn y stabal pren tua throedfedd sgwâr o faint, gan stwffio 'bach o wellt i mewn i'r stabl hefyd er mwyn creu awyrgylch. Yn ystod yr ŵyl mae'r olygfa gyfarwydd o ganrifoedd yn ôl yn eistedd ar ben system sain o'r unfed ganrif ar hugain yn ein tŷ ni. Mae'n aros yn dawel a syn: y criw gwyllt o fugeiliaid a phurdeb yr angylion, y doethion a'u dwylo'n llawn trysorau, y baban Iesu yn ei breseb a'i rieni balch yn syllu arno. Yr olygfa sy'n herio ac yn ysbrydoli ar yr un pryd.

Yr un trimins, yr un goeden, yr un stabal ag a ddadbaciwyd ers blynyddoedd. Mae popeth yr un fath. Pam, felly, bedair blynedd ar ddeg yn ôl, er bod popeth yr un fath, fy mod yn teimlo'r Nadolig hwnnw bod pethau'n wahanol? Pam roedd y Nadolig hwnnw wedi creu mwy o argraff arnaf nag erioed o'r blaen, ac imi weld, yn y Fair seramig, ryw oleuni newydd? Mae'r ateb yn syml. Er bod y trimins yr un fath ag arfer, roeddwn bellach yn paratoi am y Nadolig a ninnau ar fin geni ein baban ein hunain. Roedd fy myfyrdod personol yn wahanol y Nadolig hwnnw a byth ers hynny. O syllu ar ddisgleirdeb gwedd Mair yn fy stabal esgus ar ben y system sain, synhwyrwn nad oedd y daith wedi bod yn un hawdd iddi hi.

Serch bod fy nghyflwr yn effeithio ar fy nghorff mewn ffyrdd gwahanol, ni allwn lai na meddwl sut roedd Mair yn teimlo. Daeth stori'r Nadolig yn fwy real imi mewn modd sy'n anodd iawn ei esbonio mewn geiriau. Anodd yw cymharu beichiogrwydd heddiw â dwy fil a mwy o flynyddoedd yn ôl, ac eto teimlais fy mod yn deall Mair ychydig yn well.

Wrth imi dyfu'n hŷn a chlywed stori'r geni yn cael ei hadrodd, byddai Mair yn cael ei phortreadu fel gwraig annwyl a ddewiswyd gan Dduw i eni'r Meseia. Roedd hi'n ifanc, yn ddibriod, ac yn chwilio am lety ym Methlehem, a Joseff yn dweud wrth ŵr y llety yn y ddrama flynyddol fod 'Mair wedi blino ar ôl y daith'. Ond bellach, mae amgylchiadau a chyflwr Mair yn fy ysgwyd i'r byw. Merch yn ei harddegau ydoedd, a chanddi genhadaeth enfawr i'w chyflawni. Nid yw 'rhyfeddol' yn air digon cryf i ddisgrifio'i sefyllfa.

Heddiw, derbynnir cadarnhad gan staff meddygol bod menyw'n disgwyl baban, ond daeth Mair i glywed pan ymddangosodd angel yr Arglwydd iddi a chyhoeddi'r newyddion. Tra bod newyddion am newydd-ddyfodiad yn medru tynnu partneriaid yn nes at ei gilydd (gan gydnabod nad yw hyn bob amser yn wir heddiw) bu bron i Mair golli'r bachgen oedd yn ei charu oherwydd anghrediniaeth a chywilydd.

Wrth gwrs bod 'na wahaniaethau amlwg, ond serch bod Mair wedi beichiogi drwy wyrth, tybed a fu iddi brofi'r un symptomau â menywod beichiog eraill? Poenau yn ei chyhyrau, anhwylder yn y boreau, ei thymer yn newid, ysu am fwydydd arbennig, ac o wybod am bwysigrwydd y baban yn ei chroth, pa faint mwy y byddai hi wedi poeni? Eto, o sylweddoli bod y baban wedi ei fendithio gan Dduw, oni fyddai'r baban yn cael ei ddiogelu gan Dduw? Wn i ddim a fyddai Mair wedi bod yn gwbwl rydd o ofid yn ystod y cyfnod hwn.

Yng nghanol ton o gydymdeimlad â sefyllfa Mair, a'r daith yn agor fel ceunant o'i blaen, ni allaf lai na theimlo'r parch mwyaf tuag ati – fel menyw, fel mam ac fel gweinidog – a hithau wedi ei dewis i fod â rhan allweddol mewn digwyddiad a fyddai'n rhannu hanes yn ddwy ran, ac yn newid y byd yn gyfan gwbwl.

Nid yw'r traddodiad eglwysig rydw i'n perthyn iddo'n rhoi lle amlwg i Mair yn yr addoliad. Yn wir, cred rhai ein bod wedi ei hanwybyddu'n ormodol. Er nad ydym yn ei haddoli, rydym yn sicr yn ei hanrhydeddu. Ac mae Mair yn haeddu cael ei hanrhydeddu gan bob cangen o'r eglwys Gristnogol. Roedd hi'n wraig rinweddol iawn, yn dduwiol, yn ostyngedig, yn hyddysg yn yr Ysgrythurau Iddewig, ac yn meddu ar aeddfedrwydd ysbrydol arbennig. Oherwydd ei ffydd, fe wyddai nad trwy rinwedd personol y cafodd ei dewis gan Dduw i eni Iesu Grist.

Wrth baratoi yn fyfyrgar ar gyfer Dathlu Gŵyl y Geni yng nghanol y trimins arferol a sŵn y plant wrthi'n dadbacio'r Nadolig o'r cwtsh dan stâr, nid cilio o lwyfan fy nghalon a wna Mair. Daw ataf yn flynyddol, a dadbaciaf o flwch fy nychymyg y ddelwedd ohoni, yn ifanc ac yn profi holl emosiynau a gofidiau'r naw mis cyn geni Iesu.

Caiff Mair bellach, gennyf fi ta beth, fwy nag un llinell yn y ddrama Nadolig. Caiff Sul i'w hunan yn ystod fy ngweinidogaeth yn nhymor yr Adfent, cyneuaf gannwyll i'w hanrhydeddu, a chaiff le cynnes nid yn unig yn fy stabal esgus, ond hefyd yn fy nghalon.

Felly hefyd adeg y Pasg, gŵyl bwysicaf y calendr Cristnogol – at y Pasg y mae'r cyfan yn arwain. Fel menyw ac fel mam, alla i ddim anghofio am aberth Mair, mam Iesu. Onid yw pob mam yn aberthu? Aberthu ei hiechyd ei hun er mwyn esgor ar faban, aberthu cwsg ac amser, aberthu ychydig o fwyd er mwyn i blatiau'r teulu fod yn llawn . . . mae aberthu er mwyn ei phlant yn rhan o hanfod bod yn fam. Ond dyma oedd yr aberth eithaf, a does gen i ddim ond y parch mwyaf at Mair.

Fe sylweddolodd Mair ei bod wedi derbyn yr anrhydedd fwyaf a gafodd unrhyw ferch erioed, ac eto, fe deimlai'n gwbl annigonol i'r orchwyl. Fel un a brofodd ras Duw yn ei chalon, mae Mair, yn ei chân o ddiolchgarwch i Dduw sy'n cael ei chofnodi yn Efengyl Luc, yn mynegi ei theimladau defosiynol yn delynegol hyfryd a grymus iawn. Wrth ddod yn fam fy hun, rwy'n darllen y geiriau hyn â llygaid a dealltwriaeth newydd. Teimlaf hefyd 'mod i'n gweinidogaethu'n wahanol o'r herwydd – bod fy mhrofiadau i, wedi i mi ddod yn fam, yn cyfoethogi'r neges adeg y Pasg, yn dyfnhau'r ystyr ac yn dwysáu'r teimladau.

Yn naturiol mae pob mam am ganmol ei phlentyn yn hytrach na hi ei hun, mae geni plentyn yn achos balchder di-ben-draw, mi wn i hynny'n iawn. Mae Mair yn enghraifft o fenyw a roddodd bopeth hyd eithaf ei gallu er mwyn sicrhau bod Iesu'n cyflawni'r broffwydoliaeth amdano.

Yn gymysg â'r ofnau fyddai gan Mair am ddyfodol ei mab, roedd ei sicrwydd di-sigl yn yr hyn yr oedd Iesu i fod i'w gyflawni. Rydym yn dilyn ei hanes, a hithau'n ffyddlon i'r Iesu drwy ei bywyd, a'r olwg olaf a gawn ar Mair yw wrth droed y Groes, yn gweld ei mab yn dioddef a marw. Fedrwn ni ddim dechrau amgyffred dyfnder y teimladau a brofodd Mair y diwrnod hwnnw, o weld ei mab ar y groes. Rwy'n meddwl amdani'n aml, yn meddwl am ei dewrder ac yn amau a fyddwn i, fel mam, yr un mor unplyg a grasol â hi. Eto i gyd roedd Mair yn gwybod ond yn rhy dda mai dyma oedd i fod i ddigwydd i'w mab, a byddai llawenydd wedi bod yn gymysg â'r digofaint, mae'n siŵr.

I ni Gristnogion, wrth gwrs, achos dathlu yw'r Pasg, amser i lawenhau, ac rwy'n credu'n gryf y *dylem* ni fod yn llawenhau yn y newyddion da hyd yr eithaf. Wrth ddathlu, dylem ddangos hwnnw'n allanol yn ogystal ag yn fewnol, ysbrydol. Ni bu mwy o achos dathlu erioed yn hanes y byd nag ar fore'r trydydd dydd, bore'r Atgyfodiad.

Gan lwyr ymdeimlo â dwyster yr achlysur yn yr oedfa ar ddydd Gwener y Groglith, teimlaf fod oedfaon Sul y Pasg yn achos gwirioneddol i ddathlu. Cofiaf fod yn bresennol mewn oedfa un bore Sul y Pasg yng nghwmni rhai o'm cyd-weinidogion, ac un ohonynt yn cyfeirio'n gellweirus at fy nghot newydd amryliw a ddewisais ei gwisgo'n arbennig oherwydd ei bod yn fore'r Pasg; i mi, roedd yn adlewyrchu llawenydd yr ŵyl. Cyn iddo orffen ynganu ei eiriau o feirniadaeth garedig, ymatebais fel shot gan ofyn, gyda phob parch, pam yn y byd yr oedd yntau a'i gyfeillion wedi'u gwisgo fel 'Black Pats' sef chwilod du, a hithau'n fore'r trydydd dydd. 'Mae'n fore'r Pasg,' meddwn wrtho. 'Crist a gyfododd. Halelwia!' Ymddangosodd yr un gŵr parchus yn y cwrdd nos ychydig oriau'n ddiweddarach wedi ei wisgo'n hynod o drwsiadus; yn yr un siwt dywyll, ond â thei wahanol, un llachar a streipiog yn eistedd yn destlus o dan ei goler! Cerddodd tuag ataf, a chan afael yn dyner yn ei dei rhwng bys a bawd, sibrydodd i'm clust, 'Crist a gyfododd. Ody'r dei yma'n siwtio'r achlysur yn well?' Yn ôl ei briod, enwyd y dei honno gan ei gŵr yn 'dei y Pasg', ac ymddangosai'n flynyddol wedyn – ar fore'r trydydd dydd. Halelwia!

Mae gan y Pasg ei drimins ei hun erbyn hyn ar ffurf cwningod fflwfflyd ac wyau lliwgar o draddodiadau paganaidd, ac maent yn symbolau o fywyd a dechreuad newydd. Mae'r arferiad o ddefnyddio wyau wedi eu cysylltu â'r Pasg ers canrifoedd. Câi wyau eu paentio â lliwiau llachar i gynrychioli goleuni'r gwanwyn, yn ôl yr hyn a ddeallaf, a rhoddid yr wyau fel anrhegion mewn rasys rholio wyau. Yn y canol oesoedd, rhoddid wyau i'r gweision a'r morynion adeg y Pasg ac mae gwahanol wledydd wedi datblygu eu traddodiadau eu hunain wrth addurno wyau. Darllenais â chryn ddiddordeb beth amser yn ôl ei bod yn arferiad mewn ambell wlad i gyfnewid wyau wedi'u paentio'n goch, a'r lliw'n dynodi gwaed Crist, tra bod gwledydd eraill yn eu paentio â phatrymau arian ac aur, a hyd yn oed â lluniau o Grist a'r Forwyn Fair. Wn ni ddim beth fyddai'r ymateb heddi pe rhoddid wyau yn wobrau i fuddugwyr mewn rasys rhedeg, fel yr arferai'r Rhufeiniaid wneud. Wrth gysylltu'r wy â'r Pasg, fe'n hatgoffir am y bywyd newydd sydd yng Nghrist.

Mae wyau wedi bod, ac yn dal i fod, yn rhan o

ddathliadau'r Pasg ar ein haelwyd ni a hefyd yn yr eglwysi dan fy ngofal. Mae'n arfer gennyf roi wy bychan i bawb yn y capel wrth iddynt adael yr oedfa ar fore Sul y Pasg. Ni fu'n arferiad gennyf rolio wyau ar lawnt y tŷ yn debyg i'r hyn sy'n digwydd ar lawnt y Tŷ Gwyn yn Washington bob blwyddyn, ond bûm yn ddigon dewr i adael i wy gwympo – yn fwriadol – yn y cwrdd un bore Sul y Pasg wrth annerch y plant a oedd yn bresennol yn y gynulleidfa. Cwympodd yr wy yn glatsh i'r llawr a chlywyd ebwch o anghrediniaeth yn llifo fel ton drwy'r gynulleidfa. Tybed faint o'r aelodau oedd yn poeni'n dawel fach am y carped newydd ar lawr y capel? Doeddwn i ddim yn rhannu eu gofid oherwydd fy mod yn gwybod bod yr wy yn wag! Euthum ati cyn yr oedfa, heb yn wybod i neb, i chwythu'r wy, nid ei chwythu i fyny, wrth reswn, ond chwythu'r cynnwys allan drwy osod twll bach y naill ben a'r llall i'r wy a'i chwythu â'm holl nerth, gan adael cragen berffaith, wag. Do, fe gafodd y plant bach a'r plant hŷn sioc o weld yr wy yn cwympo i'r llawr, a sioc mwy o sylweddoli ei fod yn wag! Gweithiodd y tric i'r dim. Roedd syndod yn gynulleidfa o weld bod yr wy yn wag yn adlewyrchu'r syndod a brofodd y gwragedd a welodd fod y bedd lle gorweddai corff Iesu hefyd yn wag ar fore'r trydydd dydd.

Rwy'n cymryd y *visual aids* o ddifri wrth annerch plant yn y cwrdd; cymaint o ddifri fel nad golygfa anghyfarwydd yw gweld asyn byw y tu allan i'r capel ar fore Sul y Blodau, neu botyn gwydr yn llawn penbyliaid ar y bwrdd cymun, nid yn gymysg â'r bara a'r gwin, wrth reswm. Crwydrais drwy siediau a garejys aelodau ar hyd y blynyddoedd yn chwilio am brops addas ar gyfer storïau i'r plant, ac i'r oedolion o ran hynny, a chan osod ambell dasg i rai o'r diaconiaid greu arteffact penodol i gyd-fynd â'r neges ar gyfer y Sul canlynol.

Mae gan brif wyliau'r eglwys, y Nadolig a'r Pasg yn enwedig, ynghyd â'r traddodiadau sy'n gysylltiedig â nhw, lu o symbolau arbennig sy'n eu cynnig eu hunain yn amlwg i'w defnyddio'n weledol ar gyfer esboniadau. Mae'r gweledol yn aml yn hynod effeithiol wrth greu argraff uniongyrchol a pharhaol ar bobol. Y mae i'r canhwyllau a'r blodau a'r brigau a welir ar gylch y Adfent eu harwyddocad symbolaidd arbennig eu hunain; felly hefyd y gacen Rawys (simnel) adeg y Pasg, a'r deuddeg belen marsipan ar ei phen yn cynrychioli'r deuddeg apostol – er mynn rhai osod un ar ddeg, gan adael Jwdas a fradychodd Iesu Grist allan. Rwy'n hoffi defnyddio symbolaeth flodau hefyd, er enghraifft Blodyn Dioddefaint a'i saith deg dau edefyn rheiddiol porffor yn dynodi'r goron ddrain yn cynnwys saith deg dau o ddrain pigog; tri stigma ar ben y blodyn yn dynodi'r Atgyfodiad, smotiau coch am waed Crist, heb anghofio blodyn y lili – y mae angen cadw'n ddigon pell oddi wrthi yn fy mhrofiad i, rhag i'r paill adael staen ar eich dillad gorau – sy'n symbol o'r Forwyn Fair a hefyd o'r Atgyfodiad.

Mam fach . . .

Mae Sul y Mamau'n digwydd yn ystod tymor y Grawys, sef y deugain niwrnod sy'n arwain at y Pasg. Nid damwain yw bod yr achlysur hwn yn cael ei ddathlu ar y Sul. Nid dydd Gwener na Sadwrn y Mamau ydyw, na chwaith Ddiwrnod y Mamau, fel sy'n ymddangos ar nifer o gardiau cyfarch Saesneg; nid 'Happy Mother's Day', ond *Sul* y Mamau. Dethlir Sul y Mamau ar bedwerydd Sul y Grawys a dyma'r diwrnod pan fydd plant yn rhoi cerdyn ac anrheg, siocled neu dusw o flodau i'w mam. Mae rhai hefyd yn 'sbwylo' Mam gyda brecwast yn y gwely neu ginio Sul mewn gwesty crand. Ond mae rhai ohonom yn gweithio ar y Sul arbennig hwn! Yn wir, mae'n syndod cymaint o famau sy'n dilyn galwedigaethau sy'n golygu bod y Sul yn aml yn ddiwrnod gwaith iddynt.

Yn draddodiadol, dyma'r diwrnod pan oedd morynion a gweision yn cael diwrnod yn rhydd i ddychwelyd adref. Daeth yn dipyn o draddodiad i gynnal aduniadau teuluol ar y diwrnod arbennig hwn. Wrth iddyn nhw gerdded ar hyd lonydd cefn gwlad yn y gwanwyn, arferai'r merched gasglu tusw o flodau gwylltion i'w mamau. Tybed ai o'r fan hon y daeth yr arferiad o gyflwyno blodau i Mam ar y diwrnod hwn? Gwnawn ymdrech i barhau â'r traddodiad hwn yn yr eglwysi sydd o dan fy ngweinidogaeth, wrth i'r plant gyflwyno tusw bach o gennin Pedr i bob gwraig yn yr eglwys ar Sul y Mamau. Ar y Sul hwn hefyd, yn draddodiadol, rhoddwyd caniatâd i ystwytho rhyw faint ar reolau bwydydd y Grawys, ac arferai merched oedd yn gweini bobi cacen Rawys (simnel) i'w rhoi i'w mamau. Yn un o'm heglwysi, daeth yn draddodiad bellach i'r plant weini paned a danteithion i'w mamau yn yr Ysgol Sul ar y bore hwn. Caiff y mamau eu hesgusodi rhag gwrando ar y bregeth am un Sul y flwyddyn a'u gwahodd i'r festri i gael eu sbwylio – pob mam, heblaw am yr un sy'n gorfod aros ar ôl i draddodi'r bregeth!

Cerrig milltir bywyd

Un o freintiau mawr y weinidogaeth yw cael rhannu ym
mhrofiadau eraill ar adegau a digwyddiadau pwysig yn
eu bywydau. Cael rhan mewn llawenydd a thristwch,
llwyddiant a methiant, dechrau a diwedd bywyd.

Daw amgylchiadau i ran unigolion a theuluoedd lle
mae'r gweinidog fel petai'n camu'n naturiol i mewn i'r
sefyllfa, ac mewn amgylchiadau eraill caiff ei wahodd i
gynorthwyo neu arwain; gall hyn fod yn wir pan ddaw'n
amser i drefnu priodas neu fedydd. Dyma achlysuron
mawr ein bywydau ni – pethau pwysig sy'n aros yn ein cof.

Mae priodas Gristnogol yn cael ei hystyried yn rhodd
gan Dduw ac nid yw'n rhywbeth y dylid ei gymryd yn
ganiataol. Mae'n ddatganiad o gariad ac ymrwymiad dau
berson i'w gilydd. Mae priodas mewn eglwys neu gapel ym
mhresenoldeb Duw a theulu a chyfeillion yn ddigwyddiad
hynod o bwysig ac yn un y dylid paratoi ar ei gyfer nid
yn unig yn ymarferol, ond hefyd yn ysbrydol. Dyma
gyfle'r gweinidog, i drafod nid yn unig lliw'r blodau a sawl
morwyn briodas, ond yn bwysicach arwyddocâd priodas
Gristnogol.

Mae dewis emynau a darlleniadau ar gyfer priodas yn
destun myfyrdod ynddo'i hun ac un datblygiad diweddar
yw'r cais am ddarlleniadau nad ydynt yn rhai Beiblaidd.
Cytunaf fod ambell gerdd neu ddarn o lenyddiaeth yn
medru gweddu i'r achlysur i'r dim, ond teimlaf ei bod yn
bwysig atgoffa pobol yn garedig hefyd o bwysigrwydd
darllen o'r Gair ym mhob oedfa, gan gynnwys priodas.
Digon hawdd yw plethu darlleniadau Beiblaidd â darnau

cyfaddef, er bod pobol yn cofio fy wyneb i, mae arna i ofn nad wyf i wastad yn cofio'u hwynebau hwy. Mae'n braf cael ambell gyfarchiad gan rywun fisoedd yn ddiweddarach, yn fy atgoffa iddynt fod yn y cwrdd, a minnau'n ymateb fel pe bawn yn eu cofio'n iawn. Fy niffyg i yw hyn wrth gwrs, rwy'n hynod falch o gael cyfarch pawb!

Wedi arfer bedyddio *babanod* wyf fi, a hynny, os yn bosib, cyn i'r baban dyfu'n ddigon hen i sylweddoli'r hyn sy'n digwydd iddo. Ni chefais erioed yr un baban yn crio wrth i mi ei fedyddio, er i un neu ddau gymryd ffansi at fy sbectol ac i ambell un hoffi fy mwclis a hyd yn oed fy nghlustdlysau. Yr unig broblem sy gen i, ers imi ddod yn fam fy hun, yw gorfod rhoi'r baban yn ôl i'w rieni wedi i mi ei fedyddio. Rwy'n ymgolli'n llwyr wrth syllu arno ac fe allwn yn hawdd ei fagu drwy'r oedfa, dim problem o gwbwl!

Daw rhai rhieni â'u plant i'w bedyddio yn deulu cyfan, ac ambell blentyn arall sydd ychydig yn hŷn na'r babis arferol. Ar yr adegau hynny, anogaf y teulu i baratoi'r plentyn ar gyfer ei fedydd drwy esbonio'r ddefod iddo, a hyd yn oed ei hymarfer, fel na chaiff fraw a syndod yn yr oedfa. Ni chefais yr un plentyn yn anufuddhau, hyd yn oed y mwyaf prysur ohonynt.

Cofiaf fedyddio un bachgen bach tair blwydd oed unwaith. Roedd yr eglwys wedi bod heb weinidog, a'r crwtyn bach wedi colli mas ar ei fedydd pan oedd yn faban, a dyma fynd ati i'w fedyddio wedi i minnau gychwyn ar fy ngweinidogaeth yn eu plith. Tyfodd y crwt i fod yn fachgen ifanc boneddigaidd, ond ni ellir gwadu'r ffaith ei fod yn grwtyn bach ofnadwy o fishi pan oedd yn dair oed.

Roeddwn wedi amau sut y byddai'n bihafio yn ystod ei fedydd, ond cefais fy siomi ar yr ochr orau; bu'n fachgen da drwy'r cyfan. Fe'i codais i'm breichiau a phlannu cusan fawr ar ei dalcen wedi'i fedyddio, a chefais ail gusan wrth iddo adael y capel wedi'r oedfa hyd yn oed. Roeddwn wrth fy modd bod y weithred o'i fedyddio wedi mynd mor ddidrafferth. Erbyn y bore wedi'r bedydd, clywais nad oedd y crwtyn bach yn teimlo'n rhy hwylus, ac roedd hynny'n esbonio'r ffaith iddo fod mor annaturiol o dawel yn y capel y bore cynt. Clywais ymhen rhai oriau wedyn ei fod yn dioddef o frech yr ieir. Tair wythnos yn ddiweddarach roedd y gweinidog yn dioddef o frech yr ieir hefyd – mae'n amlwg i fwy na newyddion da'r efengyl gael eu lledaenu yn ystod y bedydd hwnnw. A'r bachgen bach bellach wedi tyfu'n fachgen mawr, ac yn dalach o lawer na'i weinidog, ofnaf y caiff ei goes ei thynnu am weddill ei oes am iddo heintio'i weinidog adeg ei fedydd.

Nid fi fedyddiodd ein plant ni'n hunain; doeddwn i ddim am wneud, roedd gen i rôl arall i'w chymryd ar yr adegau hynny, ac os daw'r dydd, nid yw'n fwriad gennyf wasanaethu yn eu priodasau, chwaith. Nid wyf yn siŵr a yw hyn yn wir am ddynion sy'n weinidogion. Ydyn nhw'n teimlo'r un fath am eu rôl hwy yng ngherrig milltir pwysig eu teuluoedd? Cofiwch, mae'n bosib bod gan y plant syniadau gwahanol, ond i mi, pan ddaw achlysuron teuluol arbennig i'n rhan ni, mae'n braf cael canolbwyntio'n gyfan gwbwl ar fod yn fam ambell waith. Ac a bod yn gwbwl onest, ni allaf fod yn gwbwl sicr na fyddai emosiwn yn cael y gorau arnaf pe bai gofyn i mi wasanaethu ym mhriodasau ein merched. Ond pwy a ŵyr . . .?

14

A chyn canu'r emyn olaf . . .

Un o ryfeddodau mawr y byd yw'r amrywiaeth sydd ynddo, yn foroedd ac afonydd, yn fynyddoedd a dyffrynnoedd, yn haf a gaeaf, a phob un yn cyfrannu at odidowgrwydd ac ysblander y greadigaeth. Ac un o'r rhyfeddodau mwyaf yw'r amrywiaeth o bersonoliaethau a chymeriadau sydd yn rhan o wead dynoliaeth. Nid oes dau ohonom yr un peth â'n gilydd. Pwythwyd gwahanol ddiwylliannau a thraddodiadau, hanes ac ieithoedd, gwerthoedd a safonau ym mhob cenedl a gwlad ledled byd yn gywrain i mewn i frodwaith o bobol a elwir yn ddynoliaeth. Rhoddwyd i bob un feddwl i greu a breuddwydio, llygaid i weld, tafod i lefaru, a photensial ac egni i gyflawni ei fwriad yn y byd. Gwyddom nad pawb o bell ffordd sy'n gweld yn dda i ddefnyddio'u doniau, eu hegni a'u bywydau mewn modd adeiladol, ac mae'n byd heddiw yn cael ei fyddaru a'i ysgwyd i'r byw yn ddyddiol gan newyddion sy'n creu arswyd ac ofn yng nghalonnau pobol.

Yn rhan o'r amrywiaeth ryfeddol yma y mae gwŷr a gwragedd. Onid oes angen y naill fel y llall ar ein byd heddiw, a hynny nid yn unig er mwyn sicrhau parhad y ddynolryw, ond er mwyn cyfrannu'n adeiladol i'r byd? Ni ellir gwadu bod gan wŷr a gwragedd elfennau yn eu cymeriad sy'n wahanol iawn i'w gilydd, ac mae angen mewnbwn y ddau ryw er mwyn creu cymdeithas gyflawn, gytbwys. Mae angen barn gwŷr a gwragedd; mae angen eu syniadau a'u profiadau amrywiol er mwyn i'r cylch fod yn gyflawn. Mae hyn yr un mor wir am y weinidogaeth Gristnogol.

Rhaid cydnabod y ffaith fod amrywiaeth oddi mewn i'r *un* rhyw a bod gan ddynion ddoniau gwahanol i'w gilydd hefyd. Credaf fod arbenigedd oddi mewn i'r weinidogaeth a chyfle i bawb adeiladu ar eu doniau eu hunain; er enghraifft, doniwyd rhai i fod yn gaplaniaid ysbyty, neu'n gaplaniaid yn myd diwydiant, ac nid pawb sydd wedi eu donio yn y cyfeiriad hwnnw. Doniwyd eraill â ffordd arbennig o ymdrin â phlant a phobol ifanc; rhai yn bregethwyr mawr a nerthol, ac eraill yn fugeiliaid tyner a gofalus. Ond er bod gwahaniaethau amlwg rhwng dynion a'i gilydd, onid oes gwahaniaeth gwahanol eto rhwng dynion a menywod?

Pe bai efeilliaid, un yn ferch a'r llall yn fachgen, yn cael eu magu ar yr un aelwyd, yn cael eu cyflwyno i'r un gwerthoedd ac yn derbyn yr un addysg, yn troi yn yr un cylch, a'r ddau ohonynt yn dilyn yr un yrfa, fe fyddai'r ddau yn dal i gyfrannu'n wahanol i'w gyrfaoedd, a hynny'n syml oherwydd bod y naill yn ferch a'r llall yn fachgen. Ond fe fyddai cyfraniad y naill yr un mor bwysig â chyfraniad y llall.

I'r sawl ohonom y bwriadwyd i'n bywydau gyfrannu rhywbeth bach at y weinidogaeth Gristnogol yn y byd hwn, ac a ufuddhaodd i'r alwad, gellir dweud, heblaw am eu pryd a'u gwedd a'u llais – yn ôl rhai – nad oes gwahaniaeth rhwng gwŷr a gwragedd yn y pulpud. Rydym o'r un gred, yn pregethu'r un Efengyl, yn darllen o'r un Beibl, yn addoli'r un Duw, yn trosglwyddo cenadwri'r un Gwaredwr, yn pregethu'r un egwyddorion, a hyd yn oed yn canu'r un emynau.

Ond mae merched *yn* cyfrannu'n wahanol i ddynion. Mae menywod yn y weinidogaeth yn cynnig rhyw bethau *ychwanegol*, a hynny yn bennaf, mi gredaf, yn y gwaith bugeiliol. Mae gan fenywod botensial unigryw i fedru plethu sgiliau, profiadau a thasgau sy'n perthyn i fenyw i mewn i'w gweinidogaeth, yn arbennig felly wrth ddelio â phobol. O adnabod ei phobol trwy ei swyddogaeth fugeiliol, daw'r gweinidog yn ymwybodol o anghenion ei phobol. O adnabod anghenion ei phobol, daw'r cyfle i gwrdd â'r anghenion hynny nid yn unig ar lefel bersonol ond hefyd wrth arwain yr addoliad ar y Sul, wrth bregethu ac eiriol mewn gweddi. Mae'r wedd fugeiliol ar y gwaith yn cyfoethogi'r addoliad. Mae'r bugeilio'n bwydo'r pregethu.

Portreadwyd y fenyw o weinidog mewn nifer o ffyrdd. Fe'i cymharwyd â 'mam y ddaear' a'i disgrifio fel 'merch a chanddi gyfrifoldeb'. Credaf fod edrych ar weinidogaeth menyw trwy lygaid felly wedi creu ymdeimlad ymhlith rhai bod menywod yn ceisio ail-lunio neu ailddiffinio'r weinidogaeth Gristnogol, ac o ganlyniad, plannwyd hedyn amheuaeth a syniadau gwirion ym meddyliau rhai, ac ofn ym meddyliau eraill. Yn ogystal â hynny, mae dylanwad ffeministiaeth benboeth yn parhau i gerdded yn drwm ar dir diwinyddiaeth ac ar fywyd yr eglwys mewn ambell gylch. Synnwn i ddim nad yw dylanwad felly wedi bod yn rheswm pam fod rhai wedi camu 'nôl o'r gwaith. Credaf yn bendant nad oes rhaid bod â thueddiadau ffeministaidd cryf i fod yn fenyw yn y weinidogaeth. Doniwyd dynion a menywod i fod yn weinidogion cystal â'i gilydd.

Nid wyf yn honni o gwbwl fod menywod yn gwneud gwell gweinidogion na dynion! Cymeriad, a phersonoliaeth a pherthynas â phobol yw'r elfennau pwysicaf, ac nid rhyw. Ond mae menywod a dynion fel ei gilydd yn medru cyfrannu'n wahanol; maent yn meddwl yn wahanol i'w gilydd, a phrofant esmosiynau gwahanol.

Mae menywod yn medru adnabod sefyllfaoedd ac uniaethu â phrofiadau menywod eraill. Er enghraifft, o gael gweinidog sy'n fenyw ac yn fam, ymdeimla â holl emosiynau geni plentyn a magu teulu; fe ŵyr am gynnal aelwyd a gofalu am y cartref. Mae menywod yn ymddiddori mewn pobol a phethau mewn ffordd wahanol i ddynion. Gwyddant am liwiau ac am ffasiynau a phethau tebyg, mae'n siŵr, ond hefyd gwyddant am emosiynau gwahanol a'u heffaith ar gyflwr ysbrydol menywod eraill, yn ogystal ag ar gorff a meddwl. Mae gan fenywod bob math o brofiadau sy'n cyfrannu at eu gweinidogaeth, a theimla rhai yn fwy parod o lawer i rannu rhai pethau â merch na fyddent yn medru eu rhannu â dyn, ac yn fwy parod o lawer i agor eu meddyliau a'u calonnau i ferch. Teg dweud hefyd y gall y gwrthwyneb fod yn wir.

Onid yw'n ffaith hefyd fod menywod yn gwybod sut mae meddwl am fwy nag un peth ar yr un pryd – *multi-tasking*? Ac mae'r ddawn ryfeddol o fedru mylti-tasgo yn gaffaeliad mawr i weinidog, credwch chi fi. Dyna pam, er mwyn sicrhau bod y cylch yn gyflawn, gan gynnwys cylch y weinidogaeth, mae angen gwŷr *a* gwragedd yn y gwaith hwn. Mae angen partneriaeth oddi mewn i'r weinidogaeth Gristnogol. Mae angen cyfraniad, barn a phrofiad y ddau ryw er mwyn cynnig gweinidogaeth lawn i'r gymdeithas, i'r genedl ac i'r byd.

Wedi dweud hyn i gyd, mae'r cwestiwn yn aros. 'Ble mae'r gwragedd?' Rwy'n ei chael hi'n anodd iawn derbyn bod Duw wedi galw cyn lleied ohonom i'r gwaith. Tybiaf fod pob math o resymau posib pam nad oes eraill wedi ildio i'w alwad; rhesymau'n ymwneud â thraddodiadiadau, ac ag amgylchiadau'r cyfnod y'u magwyd ynddynt. Gallaf gredu hefyd fod pob math o gwestiynau eraill wedi mynd trwy eu meddyliau, cwestiynau o bosib nad ydynt wedi bod yn ddigon dewr i'w rhannu ac eraill rhai; er enghraifft, yn ymwneud â'u bywydau personol, bywyd priodasol a magu teulu. Mae'n daith ddiddorol tu hwnt, yn un sy'n amrywio'n ddyddiol yn ei her a'i phrofiadau. Nid yw'r ffordd bob amser mor hawdd i ferch fel ag y mae i fachgen, ond nid yw'n amhosib chwaith.

Tybiaf, o bosib, fod diffyg hyder wedi profi'n ffactor gref hefyd, ac wedi creu elfen betrusgar ym meddyliau rhai; diffyg hyder ynddynt eu hunain ac mewn pobol eraill. Os yw hyn yn wir, gallaf gydymdeimlo'n fawr â'r cyfryw rai. Ond profais hefyd dros y pedair blynedd ar bymtheg diwethaf mai dim ond Un person y mae angen inni gael hyder ac ymddiriedaeth ynddo, sef yr Un sy'n gweld yn dda i'n galw i'r gwaith yn y lle cyntaf:

> Boed i'r alwad wastadol
> yn ddi-ffael adael ei hôl . . .

. . . ar y gwragedd.

Llyfryddiaeth

Dawn French, The Biography Alison Bowyer, Headline, 2000

Llyfr Gwasanaeth yr Annibynwyr, Gwasg John Penri, 1988,

Y Gweinidog a'i Waith Y Parchg Maurice Loader, Gwasg John Penri, 1982

By Sex Divided, 'The Church of England and women priests' Jonathan Petre, Harper Collins,1994

Hasten Slowly Revd Joyce M. Bennett, Little London Associates Publishing, 1991

Who Said Women Can't Teach? Charles Tromley, Bridge Publishing, 1985

Sinabada, Women Among Warriors Laurel Gray, The Joint Board of Christian Education, 1988

Blwyddiadur 2012 Undeb yr Annibynwyr, Gwasg Morgannwg, 2012

Erthygl Menna Elfyn, *Western Mail,* 2 Mawrth 2011

Anerchiad Cwrdd Chwiorydd, *Adroddiad Cyfarfodydd Blynyddol Undeb yr Annibynwyr,* 'Môn' Gwendolin Evans, Gwasg Morgannwg, 2011

Y Cathedral Anghydffurfiol Cymraeg Trebor Lloyd Evans, Gwasg John Penri, 1972

Anerchiad Cwrdd Chwiorydd, *Adroddiad Cyfarfodydd Blynyddol Undeb yr Annibywnyr,* 'Gorllewin Morgannwg' Y Parchg Carys Ann, Gwasg Morgannwg, 2008

Gweithredu dros Gyfartaledd, Datblygiad a Heddwch Cynulliad Merched Cymru. Adroddiad Pedwaredd Cynhadledd Cenhedloedd Unedig y Byd ar Statws Merched Beijing 1995, cyhoeddwyd gan Gynulliad Merched Cymru, 1995

Diolchiadau

ymunaf ddiolch o galon i Wasg Gomer am
y gwahoddiad caredig a chwbwl annisgwyl i
ysgrifennu'r gyfrol hon, ac i Elinor Wyn Reynolds a'r staff
yn y wasg am bob cefnogaeth, cyngor ac arweiniad.

Diolch hefyd i nifer o gyfeillion am gymwynasau lu,
yn eu plith y Parchgn Evangeline Anderson-Rajkumar
(Coleg Diwinyddol, Bangalore), Carys Ann, Menna Brown,
Llunos Gordon, Angharad Gruffudd, Ioan W. Gruffudd,
Jill Hailey Harries, Maurice Loader, Lona Roberts,
Rosan Saunders, Peter Thomas, Geraint Tudur,
Wynn Vittle a John Watkin.

Diolch i Menna Elfyn, John Gwilym Jones a Tudur
Dylan Jones am ganiatâd i gynnwys eu cerddi; i'r
ffotograffwyr i gyd am yr hawl i ddefnyddio'u lluniau, a
diolch arbennig i Alun Charles a'r Parchgn Guto Prys ap
Gwynfor ac Euros Wyn Jones am ddarllen y proflenni.
Diolch hefyd i Elena D'Cruze-Reynolds am yr arlunwaith
trawiadol ar y clawr

Bu fy nheulu'n hynod amyneddgar a chefnogol drwy
gyfnod yr ysgrifennu. Diolch arbennig i Philip, Elin a
Sara, ynghyd â'm rhieni am eu cefnogaeth arferol, a hefyd
i aelodau'r eglwysi a fu, ac sydd ar hyn o bryd, o dan fy
ngofal, am eu cyfeillgarwch a'u caredigrwydd, ac i nifer
o ffrindiau am fy annog i ddal ati gyda'r ysgrifennu pan
fyddai galwadau eraill yn mynnu fy amser hefyd.